KB109413

IJS 서울대학교 일본연구소
Reading Japan **23**

질곡의 한일관계
어떻게 풀 것인가?

: 새정부에 바란다.

저 자 : 남기정 · 박영준 · 박철희
손 열 · 이원덕 · 조양현

제이앤씨
Publishing Company

본 저서는 정부(교육과학기술부)의 재원으로 한국연구재단의 지원을 받아
출판되었음(NRF-2008-362-B00006).

책 을 내 면 서

　　서울대 일본연구소는 국내외 저명한 연구자와 다양한
분야의 전문가를 초청하여 각종 강연회와 연구회를 개최하
고 있습니다. 〈리딩재팬〉은 그 성과를 정리하고 기록한 시리
즈입니다.

　　〈리딩재팬〉은 현대 일본의 정치, 외교, 경영, 경제, 역
사, 사회, 문화 등에 걸친 현재적 쟁점들을 글로벌한 문제의
식 속에서 알기 쉽게 풀어내고자 노력합니다. 일본 연구의 다
양한 주제를 확산시키고, 사회적 소통을 넓혀 나가는 자리에
〈리딩재팬〉이 함께하겠습니다.

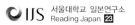

서울대학교 일본연구소
Reading Japan **23**

차 례

서울대학교 일본연구소
Reading Japan 23

주제발표

- "G2 문제를 풀어가는 데 있어서 굉장히
- 중요한 출구는 일본입니다. 한일 간의 관
계를 어떻게 풀어갈 것인가 하는 목소리
는 거의 안 들리기 때문에, 제가 한일 관
계 중심으로 G2도 볼 수 있는 이런 자리
를 한번 만들어보면 좋겠다고 생각해서
이 자리를 만들었습니다." (김현철 서울
대학교 일본연구소 소장국제대학원 교수)

질곡의 한일관계 어떻게 풀 것인가?

: 새정부에 바란다.

〈제25회 일본진단세미나(특별기획대담)〉

일시 : 2017년 3월 16일(목) 오후 4시~7시

장소 : 서울대 국제대학원 신축관(140-2동) 202호

주최 : 서울대학교 일본연구소

김현철 : 일본연구소가 진행하는 제25회 일본진단세미나에 참석하신 분들을 소개하고 시작하겠습니다. 정치외교학과의 정재호 교수님께서 와 계십니다. 그리고 정치외교학과의 이정환 교수님, 앞으로 자주 뵐 것 같네요. 그리고 국제대학원의 송지연 교수님, 참석해 주셔서 감사합니다.

오늘 이 자리를 마련한 취지부터 간단히 말씀드리자

면, 아시다시피 지금 중국의 사드 문제라든가, 트럼프 행정부의 문제 등 외교 관계가 굉장히 어렵습니다. 각 진영의 전문가들의 목소리를 들어보면, 한 목소리가 아니고 굉장히 분열된 목소리를 내고 있습니다. 그런데 이런 G2 문제를 풀어가는 데 있어서 굉장히 중요한 출구는 일본입니다. 한일 간의 관계를 어떻게 풀어갈 것인가 하는 목소리는 거의 안 들리기 때문에, 제가 한일 관계 중심으로 G2도 볼 수 있는 자리를 한번 만들어보면 좋겠다고 생각해서 이 자리를 만들었습니다. 일본에서는 다른 전공의 전문가들이 모여도 국가주의라든지 대립주의가 없습니다. 항상 이렇게 같이 모여서 이슈에 대해 토론하고 의견을 모아가는 응집력이 있는 것 같습니다. 우리의 경우, 여러 전문가를 한 자리에 모시는 게 굉장히 힘들지만, 남기정 교수님이 수고하셔서 오늘 이렇게 기라성 같은 분들을 모시게 되었습니다. 모시기 힘든 분들을 모셨으니까, 오늘 좀 본전을 뽑자, 이런 생각을 가지고 몇 가지 같이 토의할 시간을 만들었습니다. 자, 이 다음부터 진행은 우리 일본연구소의 남기정 교수님이 해 주시겠습니다. 남기정 교수님이 이 자리를 모두 세팅해주시고 준비도 다 해주셨습니다. 우리 남기정 교수님에게 바통을 넘길 테니까요, 남기정 교수님에게 큰 박수를 보내주시기 바랍니다.

남기정: 안녕하십니까, 서울대 일본연구소의 남기정입니다. 기다리던 봄이 오긴 왔습니다. 가슴 졸이며 기다려온 봄인데요, 뭔가 새로운 희망의 문이 열릴 것 같긴 한데, 그 문 저편에는 더 어려운 길이 기다리고 있는 것 같기도 합니다. 그래서 가벼운 마음이 들었다가 우울한 마음이 들었다가 하는 그런 시간들을 보내고 있습니다. 환영사에서 소장님께서 말씀하신 것처럼 정말로 한일 관계는 민감한 문제를 많이 품고 있어서 어려운 주제인데, 한국에서는 국민 모두가 한일 관계 전문가라서 진짜 전문가들이 말하기가 굉장히 어려운 그런 분위기가 있습니다. 그런 상황을 감안해서 정말로 이 문제만 열심히 보는 사람들은 어떤 생각을 가지고 있는지 솔직히 드러내보고, 다음 정부가 한일 관계를 만들어가는 데 도움을 주는 것이 저희 일본연구소가 해야 할 일이 아닌가 하는 생각이 들어서 이런 자리를 마련했습니다. 진행 순서에 대해서 말씀드리고자 합니다. 다섯 분 모두에게 똑같은 시간을 드려서 골고루 이야기를 듣고 싶습니다. 그래서 제가 다섯

분에게, 물론 모두가 다 다섯 개 주제에 대해 하실 말씀이 있으시겠습니다만, 그래도 조금 더 깊이 전공하고 계신 것으로 생각되는 주제를 드렸습니다. 박철희 선생님께서 먼저 이 트럼프 정권 탄생과 사드 갈등 정국에서 한일 관계가 어떤 상황에 있는지, 이걸 좀 정리해 주시고요, 그 다음에 이원덕 선생님께서 주로 일본군 '위안부'(이하 위안부) 문제를 중심으로 한일 관계를 진단해주시고 전망을 들려주시면 좋겠습니다. 그 다음에 한일경제협력인데요, 이에 대해서는 손열 선생님께서 발표를 해주시겠고, 그 다음에 안보협력에 대해서 박영준 선생님께서 말씀을 해주시겠습니다. 그 다음에 최종적으로 아마도 투트랙 외교가 일본 전문가로서는 모두가 가지고 있는 당면의 관심일 텐데 그것에 대해서 조양현 선생님께서 정리를 해주시겠습니다. 각각 발제는 10분 정도, 길어도 10분, 7분에서 10분 정도씩만 간략하게 요지만 설명해주시고 그것에 대해서 순번으로, 오른쪽으로 돌아가면서 한 분이 3분에서 5분 정도씩 추가를 해주시거나 코멘트를 해주시거나 해서 한 주제 당 30분 정도씩 시간을 가지고 논의를 하도록 하겠습니다. 그리고 여러 청중 여러분께서는 그때그때마다 의문이 생길 것이고 질문들을 하고 싶으시겠지만, 그것을 다 받아서 질의응답 시간을 가지면 사실은 시간이 너무 모자랍니다. 그래서 휴식 시간에 앞에 있는 질문지를 가져가셔서 간략하게 질문을 해주시면, 일단 다섯 개 주제가 다 끝난 뒤에 제가 그 질문지를 종합해서 다른 분에게 나눠드리고 대답을 듣는 식으로 하도록 하겠습니다. 그런데 손열 선생님께서 조금 일찍 나가셔야 된다고 들었는데요, 가능하면 선생님께서 계시는 동안 질문이 나온 것에 첫 대답을 들을 수 있도록 제가 진행을 빨리 해보도록 하겠습니다. 물론 그게 안 될 경우에는 양해를 부탁드립니다. 자, 그럼 시작하겠습니다. 바로 옆에 앉아계신 박철희 교수님께서 국제정세가 지금 급박하게 돌아가고 있는 가운데 한일 관계가 어떤 위치에 있는지 그 문제를 먼저 짚어주시겠습니다.

서울대학교 일본연구소
Reading Japan 23

트럼프 정권 탄생과
사드 갈등 격화가 한일 관계에
미치는 영향은 무엇인가?

"미국이 북한을 안보의 우선순위로 놓고
북한을 위협으로 생각하는 부분은 한미
일 협력을 하는데 좋은 재료, 하지만 트
럼프 정부의 아메리카 퍼스트라는 가치
중심이 아닌 이익 중심의 외교는 역사갈
등으로 점철되어 있는 한일관계의 불확
실성을 안겨주는 요소. 거기에 미일동맹
은 대중견제로 보다 긴밀해지고, 한국은
미중 사이에서 갈등, 특히 사드갈등의 격
화로 한국은 중국과 일본의 양쪽 전선에
서 전부다 고립화된. 한중 관계도 급격하
게 풀어나갈 수도 없고, 한일 관계도 결
국은 갈등 국면을 빠져나갈 수 없는 상황"

트럼프 정권 탄생과
사드 갈등 격화가 한일 관계에
미치는 영향은 무엇인가?

박철희
(서울대 교수)

박철희: 예, 감사합니다. 제가 일본연구소 소장이 끝나고 나서 한 학기는 원장 일에 거의 집중하느라 공식 행사에 복귀한 것은 처음인 것 같아요. 제가 소장 때도 이다섯 분을 한 자리에 모으질 못 했는데, 이 한 자리에 이 분들을 전부 다 모은 것에 대해서 우선 축하드립니다. 그럼 시작하겠습니다. 한일 관계뿐만이 아니라 외교관계 전체가 지금 사면초가의 상태에 와있고, 한국의 리더십에 위기가 와서, 박근혜 전 정권에서 한일 관계가 왜 이렇게 뒤틀렸는가라는 얘기에서 시작

해야 이것을 어떻게 풀어나갈까 하는 얘기를 할 수 있을 것 같아요. 두 가지가 결국 큰 문제였다고 생각합니다. 우선 박근혜 정권에서는 북한 문제와 통일 문제에 대한 집착이 상당히 강했다고 생각합니다. 그것이 좋은 것인가 나쁜 것인가, 옳았던 것인가에 대한 평가는 둘째로 하더라도, 북한 문제를 어떻게든지 다르게 전개하고 싶었기 때문에 중국을 연결고리로 해서 북한과 중국의 관계를 벌려놓고 한국이 원하는 전략을 펴는 것이 박근혜 정부의 초기전략이었다고 생각합니다, 전략이 있었다면. 그런데 결국은 그것이 외부에서 한국의 대중경사론을 굉장히 확장시키면서, 특히 일본 쪽에서 한국을 볼 때 한국이 중국편으로 넘어가는 것 아니냐는 의구심이 강해지면서 한일관계가 지속적으로 약화되는 경향이 있었습니다. 여기 계시는 분들이 일본에 가실 때마다 아마 '너희들은 중국편이냐 일본편이냐'라는 얘기를 끊임없이 들으셨을 거라고 생각합니다. 그렇게 해서 잘 됐으면 괜찮았을 텐데 북한 핵실험 후 한국의 사드배치를 반대하는 최근의 중국을 보면 한중관계가 역사상 최고라고 얘기했던 작년 어떤 장관님의 말씀이 결국은 거짓으로 드러난 경우가 됐기 때문에, 결국은 한일 관계에서도 성공하지 못하고 한중 관계에서도 성공하지 못한 양자의 실패를 한꺼번에 가져왔다고 할 수 있습니다. 그 다음 한국이 역사문제에 대한 집착이 굉장히 강했고 또 리더십의 문제도 있었지만 전반적으로 그것에 대해 거절하지 못했던 상황에서 위안부 문제를 앞세워서 사실은 일본과 거의 파멸적인 외교 충돌을 거듭했습니다. 제가 2014년에 브루킹스에 가서, 비공개적인 장소에서 워싱턴을 히스토리 배틀 필드(history battle field)로 만들어서 좀 안 됐다고 그랬더니, 나중에 히스토리 배틀 필드라는 게 거의 모든 사람이 쓰는 용어가 되었습니다. 워싱턴을 무대로 한 한일 역사 갈등, 전쟁이라고 하는 것이 결국 현실화 됐고 그 문제가 그동안 한일 관계의 갈등을 굉장히 복잡하게 만드는 결과를 가져왔는데, 뭐 절반의 성공은 거두었다고 생각합니다. 압박을 해서 위안부 합의라는 것을 이끌어낸 면에서는 절반의 성공은 거두었는데, 결국 한국 내에서 충분한 합의가 없는 상태에서 위안부 합의가 이루어져 그것에 반대하는 그룹이, 특히 박근혜 대통령의 탄핵 이후에 부산에 소녀상을 만들면서 결국 다시 한일 관계가 질곡에 빠진, 이것이 간단하게 얘기하면 박근혜 정권 4년의 한일 관계가 아닌가, 결국 한일 관계가 성공했다고 보기는 굉장히 힘든 상태가 아닌가 합니다. 아시다시피 지금 트럼프 정권 탄생과 사드 갈등이 저희에게 주는 과제가 만만치 않습니다. 생각했던 것보다 트럼프 정권에게서 한미 동맹을 흔들려는 의지는 표면적으로는 아직 보이지 않는다, 동맹을 강화하고 여러 가지 안심 재료가 되는 얘기도 하는데, 북한을 안보의 우선순위로 놓고 북한을 위협적으로 생각하는 부분은 한미일 협력을 하는 데 있어서 좋은 재료가 될 수 있다고 생각합니다. 그것이 어느 정도로 가느냐에 따라서 우리에게 부담이 될 수도 있지만, 현재 상태에서는 한미일 협력을 하는 데 있어서는 호재로 작용할 가능성이 있는데, 가치 중심의 외교를 하기 보다는 아메리카 퍼스트를 하면서 이익을 중심으로 보는 외교 편향성이라고 하는 것은 한국에게 상당한 부담이 될 것이라고 봅니다. 특히 역사문제에 대해서 가치 중심적인 접근을 했던 오바마 정권과는 다르게 트럼프 정권은 가치 중심적인 얘기를 하지 않을 가능성이 높고, 한국에서 진보적인 차기정부가 탄생한다면, 사실은 역사의 가치를 굉장히 중시하는 정권이 될 가능성이 높은데 이 문제에 대해서는 미국과 생각이 다르거나 조율이 안 될 가능성이 상당히 남아있기 때문에 이 부분이 상당히 불안요소로 남습니다. 지금 아베 정권이 굉장히 발 빠르게 트럼프를 잡으려고 노력을 하고 있기 때문에 사실은 우리의 버전보다는 일본 버전이 트럼프의 귀를 먼저 잡았고, 그렇기 때문에 역사 문제에 있어서도 만만치 않을 것입니다. 그리고 한미 동맹과 미일 동맹이 원치든 원치 않든 상대화될 가능성이 상당히 높아 보입니다. 왜 그러냐면 일본이 보기에 우리 한미 동맹이 가지고 있는 도전 요소가 미일 동맹이 가지고 있는 도전 요소보다 훨씬 많기 때문입니다. 아베는 일단 트럼프에게 바싹 붙었는데 반해, 우리 문재인 후보는 잘못 보도되었다고는 하지만 미국에 '노'라고 얘기할 수 있는 입장도 보도된 바 있습니다. 그렇다면 한미관계가 좀 뒤틀릴 가능성도 있고 사실 일본 기지 분담금 협상은 작년에 끝냈기 때문에 이게 주기적으로 하는 건데 한국은 내년에 기지분담금 협상을 새로 시작해야 되는 상태이기 때문에 그것도 우리가 먼저 직격탄을 맞을 가능성이 있습니다. 일본은 미일 FTA 협정이 없고, TPP가 날아가서 고민스럽지만, 한미 FTA에 대해서 미국이 일부 재협상을 하자고 나올 경우에는 이것도 우리에게는 부담이 될 수 있습니다. 대북 전략에 있어서도 일본은 미국의 입장에 전혀, 어긋나는 방향을 취할 이유가 하나도 없는데, 한국은 경우에 따라서는 대북 전략을 미국과는 다르게 짜야 할 수도 있기 때문에 이 부분도 결국은 아귀가 안 맞을 가능성이 있다고 볼 수 있습니다. 일본은 중국 봉쇄를 하자고 하면 적극 나설 텐데, 한국은 중국을 그렇게 등질 수 없는 상황입니다. 현재는 대중감정이 굉장히 나빠져 있기 때문에 괜찮지만 아마 시간이 지나면서 결국은 중국을 버릴 수 없고 중국을 활용하자는 의견이 대두될 것입니다. 미일 동맹에 대해서 한미 동맹이 가지고 있는 도전 요소가 굉장히 커서 이런 요소들이 결국은 이것이 한일 관계에 있어서도 상당한 도전 요소로 작용할 가능성이 높습니다. 그렇게 되면 일본 사람들이 바깥에 와서는 얘기 안 하지만 "너희들 괜찮겠냐?" ― 제가 한 달 전에 갔더니 바로 그런 얘기를 들었습니다 ― 이런 얘기를 이제 자꾸 들을 가능성이 높다고 봅니다. 사드 갈등이라고 하는 건 아시다시피 중국은 한 2년 전부터 사드에 대해서 반대를 했고, 또 우리가 설명할 기회가 있었음에도 불구하고 설명도 안 하고 갑자기 입장을 전환하여 사드 배치를 기정사실화하면서 계속 압박을 해오고 있습니다. 이렇게 중국이 한국을 압박하면 사실은 한국이 일본과 손을 잡고 한일 관계가 반대급부를 얻을 수 있어야 정상적인데 지금은 부산 소녀상 문제로 외교가 완전히 차단된 상태고, 그렇게 되면 결국 한국은 한중 관계도 급격하게 풀어나갈 수도 없고, 한일 관계도 갈등국면을 빠져나갈 수 없이 고립되어서, 동북아 외교라고 하는 것이 한국에게 엄청난 부담이 될 것입니다. 다음 정권은 아마 문재인 후보가 대통령이 된다고 해도 무지하게 힘들 겁니다. 녹록지 않겠지만, 만약 북한 문제가 문제의 근원이라는 문제 인식을 전부 다 같이 공유한다면 풀어나갈 수 있는데, 지금 중국이 나오는 방식대로 하자면 풀어가기가 만만치 않을 겁니다. 만약 사드 배치를 바꾼다고 하면 한미 관계도, 한일 관계도 흔들릴 거고요, 중국 관계가 조금 나아진다고 해도, 한쪽은 윈이되고 한쪽은 루즈가 되는 상황이 되기 때문에 결국 만만치 않을 것이고 일본을 적대시하고 중국으로 돌아간다는 것 또한 만만치 않을 겁니다. 그렇기 때문에 이 경색된 상황을 풀어간다는 것은 쉽지 않을 것이라고 생각합니다. 그렇다면 차기 정부가 어떻게 해야 할 것인가, 잘 모르겠습니다. 무엇을 하면 안 되는지는 제가 알고 있어요. 지금 사드 배치를 흔들거나 재고하는 것은 아마 앞으로 굉장히 더 어려운 국면을 만들 요인이 되기 때문에 이것은 그렇게 현실적인 선택은 못 되고, 오히려 일단은 한국 방어 무기나 한국 안보 이익을 내세워서 추진하는 게 맞는다고 저는 생각합니다.

위안부 재협상론도 나오고 있는데 저는 이것도 별로 현실적인 방안은 아니라고 생각해요. 우선 가장 확실한 것은 일본은 재협상할 용의가 전혀 없다는 것입니다. 만약에 한국에서 돈을 안 받겠다고 다시 걷어서 돌려준대도 일본은 안 받을 겁니다. 재협상을 할 수 있는 방법이 별로 없어요. 그렇기 때문에 현실적이지 않습니다. 그 다음에 일본하고 한국하고 경쟁적인 관계에서 미국을 끌어들여서 상대방을 움직여 보려고 하는 것은 결국 성공하지 못할 가능성이 훨씬 높다고 생각합니다. 어떻게 하면 서로의 공통 이익과 공통 인식을 만들어 낼지가 문제지, 한 편을 잡아서 상대편한테 압력을 가하려는 방식은 아마 민주당 정권 때보다도 더 실패할 가능성이 높습니다. 왜냐하면 가치를 중심으로 판단하는 게 아니라 이익을 중심으로 판단하기 때문입니다. 이익은 로우 미트(raw meat), 그냥 그대로 요리하는 것과 같기 때문에, 가치로 표기된 그 현안을 다루는 것보다 훨씬 힘들 것입니다. 그렇기 때문에 비현실적인 선택은 안 했으면 좋겠다는 게 차기 정부에 대한 제 바람입니다.

남기정: 현실적인 선택으로서 사드 배치나 위안부 합의의 현상을 변경하는 건 어려울 것이라는 그런 말씀이었는데요. 문제를 국내정치로 보게 될 경우에 사드 배치와 위안부 문제가 교환재가 될 가능성이 상당히 농후하다, 즉 사드배치 문제에서 물러날 경우 적어도 위안부 문제만큼은 확실한 대응을 보여달라, 그런 국민적인 열망이 나올 가능성이 대단히 높기 때문에, 이걸 헤쳐 나가기가 굉장히 어렵겠다는 그런 생각이 좀 듭니다. 다음 주제는 위안부 문제이지마는, 우선 박철희 선생님 발제에 대해 조금 더 깊이 이해할 수 있도록 코멘트나 추가적으로 우리가 생각해야 될 것들을 짚어주시는 시간을 갖도록 하겠습니다. 이원덕 선생님, 손열, 박영준, 조양현 선생님 순으로 발언해 주시겠습니다.

이원덕: 예, 전반적으로 그 한일관계가 당면한 환경적인 요소, 특히 미국, 중국 중심으로 실명을 해주셨는데 전

체적으로 봐서 크게 이의를 제기할 만한 것은 없구요. 특히 오늘 제가 많이 얘기할 역사 외교와 관련해서 트럼프 정부의 등장이 우리의 위안부 문제를 비롯한 과거사 이슈를 일본과 다룸에 있어서 굉장히 불리한 여건이 됐다고 하는 것은 분명히 알 수 있을 것 같습니다. 아시다시피 트럼프 정부의, 특히 트럼프 머릿속에 어떤 가치나 규범이나, 특히 여성 인권과 같은 개념이 들어있기보다는, 전적으로 미국의 국가 이익을 문제 삼고자 하는 그런 외교를 펼칠 거기 때문에, 미국의 중재를 통해서 위안부 문제를 우리에게 유리한 구도로 끌어간다고 하는 기존의 사고방식은 전혀 통용되지 않을 것이라는 생각이 듭니다. 아시다시피 2015년 12월에 위안부 합의가 있었습니다. 위안부 합의의 주역은 박근혜 대통령과 아베 총리이지만, 사실 그 배후에 오바마 대통령이 있었다는 것은 많이 알려진 사실입니다. 말하자면 역사 수정주의적인 인식을 고집하고 있는 아베를, 사실상 무릎을 꿇리는 역할을 담당했던 것도 오바마입니다. 아시다시피 애초에 위안부 문제에 관해서는 아베가 전혀 양보할 생각이 없었고, 타협할 여지가 없었습니다. 2014년 4월 유럽의 헤이그에서 한미일 정상회담을 세팅하면서 그 이후로 이제 국장급 협의가 진행되었고, 국장급 협의를 열 서너 차례 거치는 과정 중에서 위안부 문제가 어젠다로 올라왔고 마침내 위안부 합의가 이루어졌다고 보는데, 미국의 숨은 역할이 굉장히 컸다고 생각합니다. 상대적으로 볼 때, 오바마 대통령은 무엇보다 인권이라고 하는 문제, 특히 보편적인 가치와 규범의 문제를 중시했던 정부고, 그런 각도에서 보면 위안부 합의를 그나마 우리에게 유리하게 이끌어갈 수 있게 한 외부적인 팩터로 오바마 정부의 역할이 대단히 중요했다고 생각합니다. 그런 요소를 앞으로 기대할 수 있겠냐, 저는 대외 여건이, 특히 대일 정책의 환경면에서 보면 대단히 불리해졌다고 생각합니다. 사드 때문에 한중 관계의 갈등이라고 하는 것이 박철희 교수님의 설명으로 하면 반대급부가 있어야 되는데도 그게 없다고 말씀하셨는데 자칫 잘못하면 중국은 위안부 문제, 역사인식 문제를 한중 역사동맹, 일본을 압박하고 미국과의 대척점을 찾는 도구로 활용할 가능성도 배제하기 어렵습니다. 중국 변수가 반드시 우리의 대일 외교에 유리한 역할로 작용하는지에 대해서는 좀 회의적인 느낌을 가지고 있고요. 북한 문제가 심각해진다고 해서 한일 관계, 한일 공조를 어떤 의미에서는 대북 정책이나 안보 면에서는 공조를 푸쉬하는 하나의 요소로 작용하고 있습니다마는, 실제 일본의 한반도 정책 또는 한국에 대한 인식이나 태도가 최근 매우 달라졌습니다. 달라진 일본을 우리가 목격하게 되는데, 이번 나가미네 대사의 2개월 넘는 소환조치, 이것도 대단히 이례적인 일이라고 보는데, 일본은 아베 정부도 그렇고 일본 국민들도 그렇고 한국 문제에 대해서 대단히 경직된 사고와 인식을 가지고 있는 것이 확인되고 있습니다. 부산 영사관의 소위 소녀상 문제, 또는 위안부 합의에 대한 파기론 등에 대해서 일본은 지금 대단히 격앙돼 있습니다. 우리 국민들이 보면 누가 가해자고 누가 피해잔지 모르겠다는 얘기가 저절로 나올 것 같은데 일본은 나름대로 이 위안부 문제에 대해서 엄청 격앙돼 있는 상황이고, 일본 국민들도 아베의 이런 초강경 보복조치에 대해서 70% 이상이 지지를 보내고 있는 대단히 이상한 환경이 조성되어 있습니다. 그래서 우리가 일본을 다루는 데 있어서 현실적으로 일본이 처한 지형, 또 아베 정권이 서 있는 국민적인 토대 이런 것들을 염두에 두면서 현명하게 다루어 가야 되지 않을까 생각합니다.

손 열: 연세대학교 손열입니다. 귀한 자리 불러주셔서 감사드리고, 박철희 국제대학원장님, 김현철 소장님, 오랜만에 뵙습니다. 저도 전체적으로 박철희 소장님, 이원덕 교수님이 말씀해주신 톤하고 큰 차이는 없는 것 같아요. 다만 두 가지 정도의 환경적인 요소들인데, 트럼프 말씀을 조금 더 부연하자면, 트럼프 포퓰리즘이라는 게 있지 않습니까. 우리가 흔히 말하는 포퓰리즘이라면 엘리트 이스태블리쉬먼트(establishm)와 일반대중을 구분한 후, 엘리트와 기성질서(establishment)를 배격하고 보통(ordinary) 국민들의 목소리를 복원하고자 하는 메시지들을 강렬하게 전달하는 것인데, 이런 분위기가 유럽의 선진산업국들에서 시작해서 영국의 브렉시트를 거쳐 급기야 미국까지 파급되어 왔습니다. 전체적으로는 선진 산업사회에서 보여지는 포퓰리즘이 어느 정도의 트렌드를 형성할지는 우리가 조금 더 지켜봐야 될 것 같습니다만, 포퓰리즘이란 그 말뜻대로 대내적으로는 인기가 있겠지만 대외적으로는 인기가 없는 정책입니다. 애국심이나 민족주의를 강조하고 경제 민족주의 같은, 예컨대 "미국제품을 구입하고 미국인을 고용하라"는 구호들이 난무하게 되면 대외적으로 거부감과 반발을 초래하게 되

는데, 이게 한국의 경우는 미국에 대한 반감, 반미로 이어질 가능성도 있는 것이죠. 미국의 이런 흐름이 어느 정도 지속되는지가 관건인 것 같아요. 미국내 정치 사정 등에 의해서 2년이나 4년 사이에 포퓰리즘 정책에 브레이크가 걸리고 조정국면으로 들어가기를 바라는 게 우리의 희망인데, 한국의 입장에서는 당장 2년, 혹은 4년에 동맹관리, FTA 경제관계 등에서 많은 일들을 겪을 것이다, 즉 트럼프 리스크가 굉장히 크게 다가올 것이라는 것입니다. 그래서 기본적으로 앞으로의 한일관계를 생각할 때, 한일 양자간 내생변수가 아닌 외생변수에 의해서 한일관계가 생각보다 상당히 유동화될 가능성이 있다, 또한 역으로 협력의 방향으로 갈 수 있는 그런 기회를 제공해 줄 수도 있다는 생각을 할 필요가 있다는 것입니다.

두 번째는 아까 박철희 선생님이 말씀하셨던 것처럼, 트럼프의 아시아 개입정책에서 피봇은 일본이 되어 버린 상황입니다. 몇 달 사이에 말이죠. 안보적으로 지난 미일정상회담의 공동선언을 봐도 그렇고, 경제적으로도 미국이 지금은 TPP를 탈퇴했지만 끊임없이 일본에 대해서 양자 FTA를 통해서 아시아 혹은 아태 경제 질서를 새롭게 만들어나가려는 흐름이 잡히고 있습니다. 전체적으로 아태 지역질서를 보게 되면 트럼프의 포퓰리즘에 의해서 한편으로는 굉장히 유동적인 상황으로 가고, 다른 한편으로는 일본의 위상이 상승해 있는 형세입니다. 즉, 일본이 상당히 앞서 나가 있다는 현실이라는 거지요. 2015년 미일정상회담 이래 어떻게 보면 미일동맹이 강화되고 따라서 역내 '미일 대 중국'의 구도가 강화되고 있는 형세라 볼 수 있습니다. 즉, 일본의 전략적 위상이 상승해 있는 형세 하에서 우리가 위안부 문제 등으로 일본에 대해 기세를 펴기에는 현 형세 즉, 일본의 전략적 위상이 상승해 있는 여건이 좋지 않기 때문에 한국이 일본을 굉장히 조심해서 다루지 않으면 우리가 여태까지 생각한 것보다는 큰 반대급부를 치를 수도 있음을 말씀드리고자 합니다.

박영준: 네, 국방대학교 박영준입니다. 박철희 원장님이 발표하신 전반적인 그 기조에 대해서는 저도 동의합니다. 다만 트럼프 행정부의 등장이 한일관계에 미치는 영향과 사드 배치에 대한 생각에 대해서 간단하게 말씀드리면, 박철희 교수께서는 트럼프의 등장에 따라서 일본이 기동성 있게 접근함으로써 앞서가는 일본,

내지는 좀 뒤쳐지는 한국, 그런 이미지를 보여주셨습니다. 물론 저도 아베 총리가 신속하게 미국과 정상회담까지 진행하는 등, 굉장히 기민하게 움직였다고 생각하지만, 그럼에도 불구하고 일본 내에서는 트럼프 행정부의 안보 정책, 외교 정책에 대한 불안감이 있는 것 같아요. 이게 묘하게도 서유럽 국가들이나 아시아·태평양 국가도 마찬가지여서, 최근에 Strategic Autonomy, 전략적 자율성이라고 하는 것이 국가들 사이에서 미국에 대한 어떤 기조로서 등장했다고 보도가 됐었죠. 일본도 대일동맹에 대한 태도나 아시아 태평양 구도 내에서의 행동에 대해, 어떤 변화 가능성을 우려하고 있는 것 같습니다. 올해 1월 세계평화연구소에서 나카소네가 낸 보고서에서도, 트럼프 행정부의 불확실성에 대비해서, 일본 자신의 방위비도 GDP 대비 1.2% 수준까지 올리고, 그 다음에 공격 능력 역시 강화하자는 등, 일본이 자율적인 무력 옵션 강화 노선을 취하자는 등의 제안을 했습니다. 물론 표면적으로는 상당히 미일동맹이 밀접해지고 갈등이 봉합되는 것처럼 보이고 있지만, 일본이 스스로 자율성을 모색하는 움직임도 있을 것으로 보입니다. 그 가능성을 배제할 수 없는데, 그렇게 될 경우에 한국 입장에서는 잘 아시다시피 한일 관계도 불안해지고, 한중 관계도 불안해지고, 덩달아 미국 트럼프 행정부의 불안정성이 한국에도 직격탄을 가할 수 있기 때문에, 상당히 어려운 상황입니다. 그렇기 때문에 외교적인 난점을 생각하면, 질곡의 한일관계가 아니라, 질곡의 한국 외교라고 해야겠지요. 그 와중에 최소한 부담이라도 줄이기 위해서 가능한 범위 내에서부터 한일 관계를 풀어가야 할 필요가 있습니다. 그나마 한중 관계보다는, 한일 관계가 개선하기 용이하지 않을까 해서, 트럼프 행정부의 불확실성을 극복할 계기가 필요해서라도 전략적으로 한일 관계의 '리셋'을 구상해야 하지 않을까 합니다.

또 하나, 사드 배치에 대해서 말씀드리겠습니다. 사드는 미국이 북한·이란은 물론 중국, 러시아의 미사일 체계에 대응해서, 미국 자체적으로 혹은 동맹국들과 협의해서 구성하는 미사일 방어망(MD) 전체의 일환으로 보아야 합니다. 현재 이란의 미사일에 대해서는, 유럽에서 폴란드나 체코에 체계를 배치하려고 했다가 러시아의 반발로 스페인에 해상배치 시스템, 터키에 지상배치 시스템과 레이더 시스템을 배치하는 식으로 전환했습니다. 중동에서는 사우디나 아랍 에미

리트 등의 나라들이 적극 협력해, UAE에는 사드 자체가 배치되었고, 이스라엘은 독자적으로 '아이언 돔' 등 애로우 방어망 체계를 개발하고 있습니다. 일본은 1998년부터 미사일 방어망에 들어왔죠. 결국 글로벌한 시각에서 봤을 때, 또 다른 나라에서 본다면, 아마도 미사일에 대한 취약성이 가장 심각한 나라는 한국 아니겠어요. 북한의 미사일 전략을 두고 본다면 말입니다. 그런데 한국은 지난 20년 동안 일본이 북한 미사일에 대해서 위협을 느끼면서 미사일 방어망을 구축하는 동안에, KAMD 구축의 구상만 표방해 두고 이룬 것이 없습니다. 원래는 2015년도까지 구축하기로 되어 있었는데, 이게 아직 안 된 겁니다. 2020년에 가서 하겠다는 건데, 그것도 어떻게 될지 모르겠어요. 현재 완전히 미사일에 대해서 무방비 상태인 상황은, 어찌 보면 미사일 방어 면에서의 잃어버린 20년이라고 할 수 있는데, 그 상황에서 미국의 사드 배치 추진을 거부한다고 하면, 국제사회에서는 상당히 이상한 나라라고 여길 겁니다. 그렇기에 무엇을 믿고 MD를 설치하지 않았는가? 라고 하는 관점 혹은 의문을 무시하기 어려울 것입니다.

조양현: 이렇게 귀중한 자리에 불러주셔서 감사드립니다. 박 철희 선생님의 주제 발표와 관련하여 두 가지 포인트 를 말씀드리고자 합니다.

첫째는, 전통적으로 한일관계에서는 대외적으로 안보 나 경제 상황이 불안정하면 양국이 서로 협력하는 경 향이 강했습니다. 트럼프 정부 출범으로 동아시아 정 세가 불투명성이 증가한 것이나 북한 핵 문제 등은 한일관계의 결속요인으로 작용하고 있다고 봐야 합 니다. 그런데 지금 한국의 과도기적인 정치 상황에서 국내정치와 외교의 과도한 연동은 한일관계의 이완 요인이라고 봅니다. 특히 과거사 문제에 관한 국민여 론은 대일외교의 유연성을 제약하고 있습니다. 과거 에는 경제위기라든가 안보위기가 발생했을 때 한일 간의 과거사문제는 일단 접어 두고, 양국이 협력하는 경향이 있었다고 봅니다. 그런데 지금은 그러한 모습 이 보이지 않습니다. 따라서 한일관계가 구조적으로 바뀌고 있는 게 아닌가라는 생각을 합니다.

두 번째 포인트는, 과거사 문제와 관련하여 미국이 한일 사이를 중재할 가능성이 상대적으로 줄어들었 다는 겁니다. 이원덕 교수님의 말씀대로 트럼프 정부 는 실리 위주로 대외정책을 추구할 가능성이 있고,

미국의 국익을 우선해서 정책의 연속성보다는 미국의 국익 극대화를 위해서 정책을 완전히 바꿀 수 있다고 봅니다. 오바마 정부 때는 과거사문제에 대해서 인권이라든가 보편적 가치 차원에서 상당히 견고한 입장을 취했는데, 트럼프 정부에 대해서는 그것을 기대하기 어렵다고 봅니다. 2016년에 오바마 대통령과 아베 총리가 같이 히로시마 평화공원과 진주만 기념관에 같이 갔었죠? 그 이유에 대해서는 여러 가지 해석이 있을 수 있겠지만, 불투명해지는 동아시아 정세 속에서 최소한 미일 간에 과거사 인식의 갈등이라고 하는 문제를 일단 차치해두자, 최소한 봉합해 두자라는 의도가 있었다고 생각합니다. 그런데 과거사 문제가 다시 한일관계 그리고 한미관계를 어렵게 하는 상황이 된다면, 트럼프 정부는 아마도 귀찮아하겠죠. 그리고 관여를 하고 싶지 않아 할 가능성이 큽니다. 그래서 결과적으로 일본이 의도하는 대로 과거사는 주변화될 가능성이 크다고 봤을 때, 과거사 문제는 한일관계의 이완 요인이 되지 않을까 생각합니다. 이상입니다.

남기정: 네, 국제정치현실에서 볼 때 '한일관계가 녹록치 않

다'고 하는 게 모든 패널리스트의 공통적인 의견인 것 같습니다. 특히 사드문제와 위안부 합의가 국내정치적으로 굉장히 민감한 문제들인데 이 문제를 쉽게 건드리기 어렵다는 의견들이십니다. 이는 촛불민심의 기대와는 반대되는 방향이라고 할 수도 있겠습니다. 참 어려운 상황이라는 생각이 듭니다. 요컨대 사드배치를 수용하고 위안부 합의를 수용할 경우 예상되는 반발을 고려해서 사드배치를 수용하되 위안부 합의에 대해서는 재협상으로 나아가는 선택을 할 수 있겠지만, 그렇게 될 경우 한일관계는 경색될 수밖에 없고 이것이 미일동맹에 부담을 주는 상황이 되어 결국에는 사드를 수용했음에도 불구하고 한미관계가 어렵게 될 수 있는 복잡한 구조에 처해 있다고 할 수 있습니다. 여기서 그러면 현안 문제로 들어가 먼저 위안부 문제 해법에 대해서 듣고자 합니다. 만일 위안부 합의를 무효화하거나 파기할 때, 또는 재협상을 요구할 때, 일본의 예상되는 반응은 무엇인지, 한일관계가 경색될 수밖에 없다면 거기서 생기는 피해와 손실을 최소화시키는 혜안은 혹시 있는지, 이와 관련해 이원덕 선생님의 발제와 의견을 듣고자 합니다.

서울대학교 일본연구소
Reading Japan 23

주제2

일본군 '위안부' 합의를
어떻게 평가할 것인가?

"위안부 합의를 너무 국내적인 맥락에서
우리끼리의 싸움으로 가져갈게 아니라
위안부 합의의 기본정신은 어디에 있고
본질은 무엇인지에 대해서 우리가 다시
해석할 수 있는 재검증작업을 통해서 열
어가는 것이 좋지 않겠나, 이렇게 생각합
니다."

일본군 '위안부' 합의를 어떻게 평가할 것인가?

이원덕
(국민대 교수)

이원덕: 총론적인 말씀을 먼저 드리고 각론으로 들어갔으면 합니다. 박철희 교수께서 대일외교에 중요한 것은, 무엇을 해야되는지 보다 하지 말 것을 하지 않는 것이 중요하다고 하셨는데, 그것이 제 모토입니다. 대일외교에서 미래로 나가기 위해서는 한일의 양자관계 속에서 가질 수 있는 한국 리더십이 중요합니다. 한중관계·한미관계와는 달리 한일관계는 한국의 리더십, 대일외교의 이니셔티브라는 요소가 상대적으로 굉장히 중요하다는 점을 잘 이해한다면, 무엇을 하지 않을 것인가, 이것을 숙고하여 실천하는 것이 대단히

중요하다고 생각합니다. 먼저 새 정부의 대일외교를 논하기에 앞서서 해야 될 첫 번째 작업은 박근혜 정부의 대일외교를 성찰해보는 것이라고 생각합니다. 한마디로 말씀드리면 박근혜 정부의 대일외교는 위안부에서 시작해서 위안부로 끝나는 게 아닌가, 이렇게 보고 있고, 근본적으로 위안부 문제에 올인한 대일외교의 의제설정에 좀 문제가 있었다, 이렇게 생각합니다. 말은 그렇게 하지 않았지만 박근혜 대통령의 대일외교는 처음부터 위안부 문제가 해결되지 않으면 정상회담도 없다. 다른 이슈에서의 협력은 불가능하다는 원칙 하에서 움직였다고 봅니다. 그렇게 삼년 정도 풀다가 결국 자승자박에 걸린 거죠. 위안부 문제를 풀지 않으면 다른 협력이 불가능하다는 자기 주술에 걸려서 헤매다가 미국의 압력, 그리고 한일관계가 악화되면서 터져 나오는 여러 가지 문제점들을 해결할 수밖에 없는 그런 상황에 몰려서 위안부합의에 이르렀고, 위안부합의라고 하는 것도 국민적인 지지를 충분히 받지 못하는 가운데 대단히 어려운 상황에 처한 것이 아닌가, 이렇게 봅니다. 다시 반복하면 대일외교의 의제를 어떻게 설정하고 대일외교의 우선순위를 어디에 둘 것이냐는 것이 대단히 핵심적으로 중요한 문제라고 생각합니다. 한 가지 박근혜 대통령의 대일외교는 위안부라고 하는 싱글이슈를 대일외교의 전반에, 대문에 설치하면서 경직성을 초래한 외교다, 이렇게 평가할 수 있고, 다시 풀어서 말씀을 드리면 신정부의, 새 정부의 대일외교는 소위 역사 원리주의 적인 방식의 어프로치보다는, 훨씬 더, 제 표현으로 하자면 구동존이(求同存異)적인 방식으로 대일외교 로 풀어야 된다는 것입니다. 당장 해결할 수 없는 위 안부 문제나 과거사 인식문제를 대일외교의 대문에 다 설치하는 일은 있어서는 안되겠다. 역사문제가 전 혀 중요하지 않다는 얘기가 아닙니다. 한일관계가 당 면한 이슈는 역사 인식문제에만 있는 것이 아니죠. 안 전보장, 사회문화 교류협력 등, 굉장히 다차원적이고 다원적인 차원에서 한일관계 과제가 놓여 있습니다. 이러한 제 영역들의 우선순위를 설정하고 나서 의제 프라이어리티를 매기는 과정에서 대단히 균형감 있 는 접근이 필요하다는 말씀을 드리고 싶고, 아시다시 피 과거사 문제는, 특히 위안부문제가 그렇습니다만 모든 주제, 과제를 그야말로 빨아 당기는 블랙홀 같 은 이슈입니다. 휘발성이 강하고 또 국민감정 국민 정 서를 폭발적으로 사로잡는 그런 이슈이기 때문에 사실 이 주제를 잘 다뤄야 됩니다. 그래서 균형 있는 어젠다 설정이 대단히 중요하다는 것입니다. 아시다시피 역사문제에 관한 것은 정체성의 갈등이거든요. 일본의 아베가 주장하는 일본의 정체성과 우리 민족이 주장하는 정체성이 부딪치는 문제이기 때문에 단기적으로 어떤 묘수와 해법이 있을 수 없습니다. 장기적으로 이것들을 시민사회 수준이나 학계나 사회레벨에서 다루어서 이 문제를 궁극적으로 풀어가는 그런 노력을 해야지, 정부가 어떤 정책적인 대안을 내놓는다고 해서 간단히 해결될 수 있는 이슈가 아니죠. 이슈의 성격상 너무 단기적인 해법이나 묘수를 기대하는 의제설정이 있어서는 안 되겠다는 것이고 역시 그래서 저는 대일외교에서 중요한 것은 균형이라고 봅니다. 경제와 통상에서 이익을 극대화할 수 있는 방안을 추구하고, 또 대북공조, 안보협력을 추구할 수 있는 길을 다 통합해서 모색하고, 사회와 교류를 활성화시킬 수 있는 그런 방법을 다차원적으로 모색하는 속에서 일본을 다뤄나가는 것이 가장 좋은 방법이 아니겠느냐고 생각하고, 더욱이 지금 동아시아의 국제질서를 보면 이중 양강구도로 재편되는 상황이고, 그런 것을 염두에 둔다고 하면 21세기를 길게 내다보는 한일간의 협력이라고 하는 사실은 미중 양강구도에 끼인 관계라고 볼 수가 있습니다. 한일은 어떤 의미에서 인도, 동남아시아, 호주와 같은 중간지대에 놓여있다고 생각할 수 있습니다. 안보에 있어서는 미국에 의존하고 있는 바가 상당히 크고, 시장과 경제에서는 중국에 의존하고 있는데, 그 사이에서 한일은 가치와 다양성과 기본적인 규범을 공유하는 측면이 많기 때문에 양국 간의 다원적인 협력의 공간은 상당히 열려 있다고 봅니다. 그런 열린 공간을 역사인식의 갈등이라고 하는 블랙홀이 대신 차지하는 것은 결국 좋은 구도라고 할 수 없다는 입장입니다. 이상이 원론적인 얘기고 위안부문제를 당장 어떻게 할 것이냐. 모든 대선주자들은 합의의 백지철회, 또는 재협상을 얘기하고 있습니다. 그러나 이는 대단히 현실적으로, 실현가능성이라는 면에서 볼 때 상당히 걱정이 됩니다. 저는 많은 국민들이 재협상하자고 하는 현실에서, 2015년의 12월 합의가 괜찮으니까 그대로 가자, 이렇게 하기는 상당히 어려운 것이 아닌가. 그래서 저는 소위 검증작업을 통해서, 또는 재검토 작업을 통해서 기존의 2015년의 합의를 좀 보완하고 개선해 나아갈 수 있는 방법은 없겠느냐? 이렇게 문제를 풀어나가는 것이 좋지 않겠나 이렇게 생각합니다. 지금 위안부 합의에 대한 많은 오해와 억측이 존재하는 것이 사실입니다. 위안부 합의의 내용을 한번 차분히 읽어보면 한국이 일본에 일방적으로 밀린 합의다, 또는 일본의 우익적인 아베에게 우리가 휘둘린 합의다 이렇게들 많이 말씀하시는데 저는 그렇지 않다고 봅니다. 저는 늘 얘기를 해왔지만 위안부합의의 본질 부분은 세 가지입니다. 일본정부가 그동안 그토록 인정하지 않으려고 했던 정부의 책임부분을 위안부문제에서 인정한 것이고, 또 총리의 사죄와 반성을 명백하게 표명한 것이 두 번째입니다. 세 번째는 그 징표로서 일본의 정부예산을 사용해서 사실상 보상적인, 배상적인 조치를 하기로 했다고 하는 것이 위안부 합의의 본질입니다. 문제는 본질에 있는 것이 아니고 부수적인 합의에 있다고 보는데 그런 본질적인 합의가 잘 이행된다는 전제하에서 부수적인 내용을 우리가 약속한 것입니다. 물론 약속을 안 했으면 더 좋았겠죠. 부수적인 약속이라는 것은 소녀상을 적절히 처리하겠다고 하는 것, 두 번째 최종적이고 불가역적인 해결로 우리가 합의를 했다고 하는 것, 그리고 국제사회에서 비판을 자제하게 했다는 점, 이 세 가지인데, 본질과 부수적인 합의의 관계에서 보면 훨씬 더 중요한 것이 본질 부분입니다. 그 부수적인 합의라는 것은 그 본질 부분이 잘 이행된다는 것을 전제로 하고 있습니다. 합의문을 잘 읽어보시면 아시겠지만 그런 논리적 구조로 되어 있다고 하는 것이 대단히 중요하고, 따라서 마치 위안부합의가 소녀상 합의인 것처럼, 소녀상을 치우기로 약속한 것과 같은 양상으로 이해하는 것은 그야말로 오도이고 곡해다, 그렇게 저는 보고 있습니다. 또 불가역적인 합의다, 최종적인 합의라고 했기 때문에 이제는 일본이 손털고 한국이 알아서 해야 할 문제라고 많이들 얘기하는데 절대 그렇지 않습니다. 제가 보기에는 합의의 내용에서 최종성, 불가역성을 얘기하는 것은 정부수준의 합의라는 측면에 한한 일입니다. 다시 말해서 한국정부와 일본정부가 위안부라는 이슈를 다시 정치 의제로 다루지 않겠다는 것을 약속한 것이고, 위안부문제는 적어도 정부 수준에서는 해결된 것으로 하자는 약속으로 해석 할 수 있습니다. 따라서 피해자들의 운동이라든지 연구자들의 학술활동이라든지 시민단체의 국제적인 활동이라든지 또는 기념, 추모사업, 이것은 전혀 위안부 합의에 의해서 못하게 된 것이 아닙니다. 그럼에도 불구하고 합의에서 한국은 이제 어떠한 문제제기도 못하게 되었고, 일본은 이제 손을 털게 되었다는 해석들이 난무하고 있는데 저는 합의에는 어디에도 그런 내용이 없다고 이해하고 있습니다. 그래서 어떤 의미에서 일본 우익들의, 합의를 유리하게 해석하기 위한 하나의 프로파간다라고 볼 수 있는 그것이 국경을 넘어서 우리의 국민에게까지 유포되는 상황이 아닌가 저는 이렇게 이해하고 있습니다. 그래서 위안부 합의를 그대로 좋으니까 가자고 하는 것은 지금 상황에서 적절치 않은 것 같고, 새 정부가 들어서게 되면 전문가를 중심으로 위안부 합의에 이른 과정과 위안부 합의에 대한 검증작업을 할 필요가 있다고 생각합니다. 물론 외교문제에 부담을 주지 않는 수준에서 검증 작업을 수행한 후 명백히 잘못된 해석이 있다면 해석을 바로잡는 방식으로 접근하면 됩니다. 아베총리가 사죄의 편지를 쓸 마음이 털끝도 없다고 발언하거나 일본 외무성 간부가 유엔 등 국제무대에서 위안부의 강제성을 규정하는 발언을 한다면, 이건 위안부 합의 정신을 정면으로 위반한 것으로 해석할 수 있다고 생각합니다. 위안부 합의라고 하는 준거 틀을 가지고 우리가 일본의 우익적 언행에 대해 책임을 추궁할 수 있는 여지가 충분히 열려 있다고 봅니다.

그래서 위안부 합의를 너무 국내적인 맥락에서 우리끼리의 싸움으로 가져갈게 아니라 위안부 합의의 기본정신은 어디에 있고 본질은 무엇인지에 대해서 우리가 다시 해석할 수 있는 길을 재검증작업을 통해서 열어가는 것이 좋지 않겠나, 이렇게 생각합니다. 그런 의미에서 아베 총리는 상당히 역사수정주의적인 그런 방향을 가고 있었지만 위안부 합의에서 어떤 의미로 아베를 무릎 꿇린 것으로 위안부 합의를 해석할수 있는 점이 충분히 있습니다. 합의에도 불구하고 아베총리 또는 일본의 지도층이 합의 정신을 훼손하는 언행을 할 때에는 위안부 합의를 준거로 활용하여 문제제기하고 비판할 수 있는 여지가 충분히 열려있다 이렇게 생각합니다. 어쨌든 위안부 합의 문제에 관해서는 좀 더 정밀한 검토 작업과 검증작업이 필요하다, 이런 생각이 들고, 아시다시피 왜 검토, 혹은 검증이라고 하는 용어를 두고 반복해서 쓰냐면 아베총리가 사실은 고노담화가 마음에 안 들어서 그것을 어떻게든지 수정을 하려고 시도한 것을 잘 기억하실 것이라 봅니다. 그래서 그것을 검증하기 위한 위원회까지 설치를 하고 김증을 시도했습니다만 결국은 원섬으로 돌아왔죠. 고노담화는 유효성을 갖는 것으로 그렇게 결론이 내려졌습니다. 저는 전문가들이 정말 진지한 검증을 한다고 하면, 결국 이 위안부 합의라고 하는 것도, 교섭과정이나 합의문 자체가 결정적인 결함을 안고 있는 것은 아니라는 결론에 이를 것으로 보고 있습니다. 그렇게 일단 위안부 문제를 돌파해 나가는 것이 바람직하지 않나 이렇게 생각하고, 전체적으로는 저는 98년에 있었던 한일 파트너십 선언이라고 하는 것을, 앞으로 대일외교에도 준용할 수 있지 않을까 이렇게 생각을 하는데, 만약 올해 중에 신정부가 들어서서 한중일 정상회담의 계기가 만약 도쿄에서 주어지거나 만약 내년도에 정상회담이 세팅이 될 수 있다고 하면 새로운 파트너십 선언과 같은 방식으로 대일외교의 여러 이슈들을 협상하여 그것들을 패키지로 담아 큰 틀의 합의를 도출하는 그런 방식으로 지금 난국에 처한 대일외교를 풀어가면 좋지 않을까 생각합니다. 역사문제에 관해서 마지막으로 말씀을 드리면 역사문제는 사실 정부가 이 이슈를 다뤄서 해결할 수 있는 여지가 별로 없다는 것을 우리가 잘 알고 있습니다. 그래서 1.5트랙과 같은 형태의 역사 화해 재단이나 기구 같은 것을 구성해서 거기서 모든 역사 문제를 다룰 수 있도록 하고, 정부는 과거사와 관련된 이슈를 가급적 졸업하는 것이 좋다고 봅니다. 과거사문제에 태클을 걸다 보면 대일외교 전체가 블랙홀에 빠져드는 그런 우를 범할 수 있기 때문에 분리해서 1.5트랙의 민간기구나, 민간과 정부가 만들어내는 기구나 어떤 재단 같은 것에 문제를 다루도록 하는 것이 좋지 않을까 이렇게 생각합니다. 감사합니다.

남기정: 네, 아까 주제 발제와도 비슷하게 이 문제에 대해서도 여러 선생님들이 큰 틀에서는 발제자의 의견에 동의 해주시는 부분이 있을 것이라 생각이 듭니다. 다만 확인해보고 싶은 것은 이원덕 선생님께서 발제에서 정상회담 시 공동선언에 위안부 합의내용을 포함시켜 법적 형식을 갖춘 문서로 진화시키는 방안이 있을 수 있다, 이렇게 말씀을 하셨어요. 그렇다면 위안부 합의는 현재로서는 법적형식을 갖추지 못했다고 해석해도 되는 것인가요? 그렇기 때문에 이는 무효나 파기를 논할 수 있는 상황이 아니라는 해석에 동의하시는 것인가. 그게 한 가지 질문이구요. 또 하나는 국내에서의 검증 작업이 있을 수 있다고 하셨는데,

아까 제가 말씀 드린 것처럼, 만일 사드 문제에서 현실적인 선택을 했을 경우 국내에서 반발이 있을 수 있겠어요. 그러한 반발이 위안부 문제에 집중되어서 표현될 수도 있습니다. 그래서 검증 과정에서 오히려 지원 단체들의 논리가 더 확산되어 정부를 압박하게 될 수도 있겠습니다. 만일 검증을 거친 결과 파기나 재협상밖에 없다는 식의 결론이 나왔을 경우, 그에 대해서는 어떻게 대응해야 하는가, 대응방법이 있을 수 있는가 라는 질문입니다. 이에 더해, 나머지 선생님들께는 조금 더 구체적인 질문을 하나 더 드리겠습니다. 어떤 조건에서 대사의 귀환이 가능할 것이냐는 문제입니다. 주지하다시피 부산 소녀상 문제로 주한 일본대사와 부산주재 총영사가 일본에 돌아가 있는 상태인데요, 어떤 환경을 조성한다면 대사가 돌아올 수 있을까, 라는 것입니다. 혹시, 대선 시점까지 돌아오지 않을 수도 있는가. 그렇다면 신정부 출범 후에는 어떤 조건, 어떤 상황에서 돌아올 수 있느냐는 것입니다. 혹시 아예 위안부합의를 파기하거나 재협상하자는 결론이 나서 이를 일본에게 통보했을 경우, 그 다음에 예상되는 시나리오로는 어떤 것들이 있을 수 있는가에 대해서도 전망해 주시기 바랍니다. 마지막으로 박철희 선생님께만 한 가지 추가적으로 질문하고 싶습니다. 현재 아베정권이 모리토모 학원 문제로 약간 흔들리고 있는 것 같아요. 이것을 계기로 아베 정권이 본격적으로 흔들릴 가능성은 있는지. 그래서 차기 정부가 아베가 아닌 다른 일본 정부를 상대해야 가능성이 있을지를 묻고 싶습니다.

이원덕: 외교장관끼리 낭독한 합의가 과연 양자협약, 조약으로서의 의미가 있느냐 없느냐의 문제에 관해서는, 국제법상으로 보면 양자합의가 맞다고 하겠습니다. 물론 합의의 수준, 즉 구속력의 수준은 매우 낮은 형태의 합의라고 생각하고요. 파기할 수 있느냐를 물어보시면, 당연히 파기할 수 있습니다. 트럼프가 당선되자마자 'TPP 안 해' 했듯이, 우리도 파기하겠다고 할 수 있는 것이죠. 저는 파기가 불가하다는 것이 아니라, 파기를 하면 그 대안이 무엇이냐를 묻고 싶은 겁니다. 위안부 합의가 문제라면, 정말 무엇이 문제이고, 무엇을 개선 보완할 수 있는지를 생각하면서 전략적인 판단을 해야 된다고 생각합니다. 파기한다면 위안부 문제는 그냥 내동댕이쳐질 것이라고 봅니다. 또 다른 봉합이나 어떤 합의가 이루어질 가능성은 전무하죠. 그

러면 한일관계의 이슈에서 위안부 문제는 그냥 영원히 표류하게 될지도 모릅니다. 그로 인한 데미지는 당연히 있겠죠. 그 데미지는 감수하면서도 우리 국민감정상, 대일 외교의 전략적인 선택 상 파기하는 것이 파트너쉽에 도움이 되므로 그렇게 하자고 주장한다면 그것도 하나의 선택지는 되겠습니다. 그러나 그런 선택이 가져올 여러 가지 결과까지를 고려한다면, 그것은 한일 관계뿐만 아니라 한미일 관계, 동북아시아에서 외교적인 지형상의 여러 가지 어려움이라는 형태로 오지 않겠나 하는, 걱정을 하게 됩니다. 그래서 신중하게 다뤄야 될 이슈라고 봅니다. 사실은 재협상론이 존재하는 이유는, 현재의 합의에 대한 불만이 있기 때문 아니겠습니까. 합의내역을 변경하는 데에는 해석을 통한 변경이라는 방법도 가능하다고 생각합니다. 적극적으로 해석하는 것 자체가 일본의 망언, 망발을 막을 수 있는 하나의 방파제가 될 수 있거든요, 우리가 해석하기에 따라서는. 그래서 그 점을 잘 생각했으면 좋겠습니다. 그리고 사드에 대한 반작용, 사드 용인의 불가피성으로 인해 위안부 합의 파기나 재협상 추진의 압력이 강해질 것이라고 하셨습니다만, 논리적으로는 그럴 수 있겠으나, 실제로 그럴 수 있을까요? 중국문제에 대해서 우리가 확실하게 대처하지 못했으니까, 일본은 약한 고리니까 치고 나올 수 있다고 보는 생각인 듯한데, 저는 그 생각에는 동의하기 어렵습니다. 중국 사드와 일본 위안부 문제를 직결시키기는 어렵다고 봅니다.

손 열: 네, 혜안을 말씀해달라고 주문하셨는데 혜안은 없습니다. 위안부에 관해서 저는 기본적으로 이 자리에는 다 비슷한 생각을 하시는 분들이 계신다고 생각을 합니다. 이원덕 선생님이 지금 발제해주신 내용에 대해서는 대체적으로 동감입니다. 다만 제가 이 문제를 전문적으로 연구하고 있지 않기 때문에 늘 어깨너머로 이 이슈를 보며 느낀 점은 우선 이게 과연 근본적으로 국가간 합의를 해야 될 사안이었나 하는 생각이에요. 우리가 언제부터 한일 간 역사문제가 양국 간의 정부가 합의를 해야 되는 일이라고 생각하게 됐는지. 어떻게 보면 이런 담론이 형성되게 된 데에는 2011년 헌재 판결 즉, 정부당국이 이 문제 해결을 위해 적극적으로 일본과 교섭하라는 판결이 상당한 역할을 했던 것 같습니다만, 기본적으로 우리가 생각한 건 아베담화 같은 것이었겠죠. 무라야마 담화, 간 담화처럼

아베 총리가 진정어린 사과를 하고, 일본 정부의 책임, 특히 그동안 줄곧 요구해 왔던 일본정부의 법적 책임에 대해서 우리 국민이 원하는 데 근접한 발언을 해주면 끝나는 것이지, 한일 양국 정부가 사죄의 수준에 대한 워딩, 금전수수 방식, 정부간 논쟁 중단 선언 등 '합의' 선언을 시도한 것은 지금 생각해보면 뭔가 잘못된 방향이었던 것 같습니다. 한일간 역사문제라는 게 근본적으로 양국민간 정체성의 충돌로 나타나는 것인데, 과연 양국간의 합의 즉, 뜻(意)을 합(合)하자는 게 가능하겠느냐는 의문 때문입니다. **아베의 마음, 이른바 역사수정주의가 전혀 변하지 않고 있는 현 시점에서 합의가 나온다면 이것은 타협일 뿐**이지, 즉 정치적 요소 등 여러 가지 고려에 의한 타협의 산물로서 우리가 합의를 한다는 것이지, 정말 마음이 맞아 서로 함께 가기 위해 합의를 하는 것은 아니라는 것이죠. 따라서 이번 합의가 정치적 타협의 산물임을 양측이 인정한다면 상황의 변화에 따라 합의 내용 역시 달라질 수 있다는 겁니다. 일본정부는 반복해서 한국정부가 위안부 문제 합의를 지켜야 된다고 요구하는데, 국민들 80%가 일관되게 반대 의사를 표합니다. 마치 탄핵과 비슷한 수준으로 반대하는데, 그런 국민여론을 무시하면서 탄핵된 대통령이 일방적으로 결정한 합의를 준수하는 것이 과연 옳은 일이냐, 현 정부(과도정부)는 이런 사정을 일본에 솔직히 설명하는 것이 옳다고 생각합니다. 차기정부도 애당초 합의가 안 되는 성질의 사안임을 인정하고, 재협상한다 해도 합의할 수 있는 게 없을 터인데 파기 말고 어떤 대안이 있을지를 잘 살펴보아야 합니다. 파기하고 나서 대안이 있느냐에 관해서는 이원덕 선생님 견해에 동의합니다. 현재의 국제적 판세로는 현 합의를 파기하는 데 따른 비용이 상당히 크므로 일단 지켜나가되, 지금 문제가 되고 있는 소녀상 문제는 촛불급의 여론이 걸려 있기 때문에 우리가 어떻게 할 수는 없다, 되돌릴 수는 없다, 되돌리면 국민의 80%가 들고 일어나는데 어떻게 하겠느냐는 점을 일본측에 전달하여 이해를 구하고 마찬가지로 국내에도 상황에 대한 이해를 구하는 수 밖에 없다고 봅니다. 어떻게 보면 현상유지를 근간으로 하여 향후 상황이 어떻게 변하느냐에 따라 대응해 나가는 식으로 시간을 갖고 가는 것이 좋지 않을까요. 지금부터 미리 재협상을 어떻게 할 것이냐는 등 문제를 논의하거나, 경우에 따라서는 아까 말씀이 나왔던 것처럼 검증을 실제로 하게 되면,

그 순간 커다란 정치적 논란에 휘말리게 되지 않겠습니까. 끝으로 만일 '합의유지 plus 소녀상 존치' 상황이 국내정치적으로나 혹은 일본의 반대로 지속가능하지 않을 경우, 한국정부는 새로운 합의를 향한 재협상을 요구할 필요가 없다, 다만 일본의 위안부문제를 둘러싼 역사인식을 밝히는 새로운 담화를 요구하는 식으로 가면 어떨까, 그런 생각이 들었습니다.

박영준: 저는 다시 한 번 김현철 소장님의 탁월한 리더십에 탄복했습니다. 오늘은 끝까지 긴장을 놓지 못하겠네요. 소장님의 리더십에 따라서 회의가 달라지듯이, 위안부 합의가 왜 이렇게 한일간의 갈등을 봉합시키지 못하고 오히려 더 큰 갈등의 원인이 되는가를 살펴보면, 정치 리더십의 문제가 있었던 것 같아요. 2015년 12월의 합의문을 쭉 보면 문건 자체는 가령 전시 피해를 당한 다수의 여성의 명예와 존엄에 깊은 상처를 입힌 것에 관해서 일본 정부는 책임을 통감한다, 총리대신으로서 책임을 통감한다는 식의 표현이 포함되어 있거든요. 이 문건의 내용은 2015년 8월의 아베 담화에도 나와 있습니다. 당시에도 통감한다는 식으로, 특히 전시에 여성 인권을 손상시킨 것에 대해 군

이 관여했음을 사과한다고 나와 있는데요. 보면 이 문건 이상의 것을 얻어낼 수 있을까 하는 생각이 듭니다. 아베 담화가 발표되는 과정을 보시면 알겠지만 아베는 애초에 일본 정부의 역사 책임을 인정한다는 내용을 공표하는데 소극적이었지만, 기타오카 신이치 등 측근들이 전쟁 책임에 대해서 입장을 표명해야 한다는 강력한 주장이 있었고, 미국 내에서도 지식인들의 아베 수상의 역사인식에 대한 문제 제기가 이어지는 등 일본 내외의 프로세스를 거쳐서 2015년 8월에 결국 아베 담화를 발표했지요. 아베 담화와 그를 이어받은 위안부 관련 합의는 일본이 나름대로 헌법이나 평화주의의 범위 내에서 일본의 전쟁이나 위안부 문제에 대해 형성해 온 일본 지식인 사회의 평가가 그나마 반영된 것이라고 긍정적으로 평가하고 싶습니다. 그런데 이것을 다시 파기하면 이 이상의 문구가 나올까 싶습니다. 이러한 문구가 왜 이렇게 더 큰 갈등의 소지가 되었는지 그 원인을 살펴보면 사실 박근혜 대통령에게 큰 책임이 있다고 봅니다. 박근혜 대통령은 취임 초부터 '위안부' 문제에 대해서 강조했고, 그 때문에 한일관계 파행도 이어지지 않았습니까. 그런데 그 결과 2015년 12월 합의, 담화가 나온 다음에는 위안부 피해자나 관련 단체 등에 대해, 언론을 통해 설명하고, 위안부 합의 정책에 대한 이해를 구하려는 노력을 기울이지 않았습니다. 정치적 리더십이 결여되었던 것이지요. 마찬가지로 아베 총리도 현재 사과 편지는 털끝만큼도 생각하고 있지 않다는 발언을 했는데, 저는 이런 반응은 위안부 합의문에서 '전시 여성들의 존엄과 명예를 손상한 부분에 대하여 깊이 반성한다'고 한 것에 정면으로 위배된다고 생각합니다. 아베의 담화가 나왔을 때 우리 정부가 그렇게 명확하게 반론을 제기하지도 않았어요. 그래서 전 그런 한국과 일본 정치 리더십의 결여, 내지는 그 애써 이룩한 합의를 어떻게 진전시켜 나갈 것인가에 대한 전략의 부재가, 더 큰 문제가 되었다고 생각합니다. 합의에 따라 화해와 치유 재단을 만들어서 한국과 일본 정부가 기금을 조성하고, 위안부 피해를 당한 여성들의 명예를 회복해나가는 사업을 실시하기로 되어 있는데, 우리 정부나 일본 정부가 그 후속사업을 어떻게 진행하고 있는가에 대한 정책적 설명도 부족한 듯이 보입니다. 때문에 저는 위안부 합의문에 대한 이행 상황을 설명하는데에서부터 문제를 풀어가면 좋지 않을까 생각합니다. 위안부 합의 이후에 한국 정부 차원에서 피해자들의 명예와 존엄을 회복하는 사업들을 과연 제대로 하고 있는가, 이런 데에서부터 실마리를 찾아가면 좋을 것 같은데, 만약에 파기해서 재협상되면 이 이상의 무언가가 나올 가능성은 거의 없다고 생각합니다.

조양현: 이원덕 선생님께서 '위안부' 문제에 대해 내려주신 종합적인 평가 그리고 차기정부의 대응방향에 대해 말씀해주신 부분에 전체적으로 동의합니다. 여기 앞에 앉아계신 다섯 분, 사회자까지 포함하여 여섯 분 다 아마도 우리 국민의 감정, 반일감정의 기준에서 봤을 때는 아마도 일본에 우호적인 입장이라고 감히 이야기를 할 수도 있을 것 같습니다. 그런데 외교의 입장에서 봤을 때는 과연 '위안부' 문제를 파기하면 어떠한 문제가 발생하는가, 또한 그에 대한 대안은 무엇인가를 생각해볼 필요가 있습니다. 만약 파기하고 재교섭한다면, 과연 더 나은 성과를 기대할 수 있는가하는 문제를 짚어야 한다고 생각합니다. 지금 우리가 본질에 있어서 부족하다고 여기는 것은 일본의 공식적인 법적 책임의 문제를 다루지 않았다는 점인데, 만약 진보적인 성부가 들어서년 그 부분을 포기

하지 않을 것입니다만, 그 부분을 과연 일본 정부가 인정할 수 있을지는 의문입니다. 그런데 우리가 위안부 합의를 파기하고 일본이 합의하지 않는다면, 문제는 해결되지 않을 것입니다. 그렇다면 그 대안으로, 한일 간에 합의가 이루어지지 않는다면 우리가 일방적으로 해결하면 되지 않느냐하는 이야기를 할 수도 있겠죠. 김영삼 정부 때와 같이 우리 돈으로 우리가 해결하고 일본에 대해서는 도덕적 우위에 설 수 있겠지만, 만약에 그렇게 된다면 '위안부' 문제를 둘러싼 정책의 연속성은 다시 과거로 돌아가는 겁니다. 어떤 이념성향의 차기 정부가 들어서더라도, 지금 보면 '위안부' 문제에 대해서 대단히 강한 레토릭을 사용하고 있는데, 결국은 그것에 대한 책임을 져야하는 상황이 될 겁니다. 박근혜 정부 때 3년 간 한국이 가진 모든 리소스를 투입해서 얻은 것이 2015년 합의인데, 그보다 더 나은 것을 받아내기는 쉽지 않을 것입니다. 따라서 합리적으로 생각한다면 대선 과정에서 '위안부' 문제에 대한 공약을 구체적으로 규정하기 보다는 일반적인 수준에서 대응해가는 것이 낫지 않을까라는 생각들을 할 수 있을 거라고 봅니다. 다만 대선 과정에서 논쟁이 뜨거워지고 '위안부' 문제가 쟁점이 되었을 때, 그렇게 대응하기가 어려워질 수 있습니다. 국내 정치와 대외관계에서의 국익이 충돌하는 상황이라고 생각합니다.

남기정 선생님께서 아주 어려운 질문을 몇 가지 주셨는데, 사드와 '위안부' 문제 사이의 트레이드 오프의 가능성을 묻는 질문에 대해서는 그럴 가능성은 있을 수 있다고 봅니다. 그렇지만 저는 오히려 그러한 질문의 배경에 대해 생각해보고 싶습니다. 한국은 미국에 대해서는 가볍게 대할 수 없으면서, 일본에 대해서는 거리낌없이 쉽게 이야기를 하는 이중성, 즉 '일본 경시'의 풍조를 의식한 질문이 아닌가 생각합니다. 이것은 안보 문제와 과거사 문제 사이에서 안보를 택하고 과거사를 양보한다는 그런 이야기가 아니라, 대국인 중국과 미국에 대해서는 조심하면서도, 일본에 대해서는 역사적인 특수성의 영향에서인지, 쉽게 생각하는 부분은 우리가 현실 외교에서 조심해야 할 부분이 아닌가 싶어요. 그리고 주한 일본대사가 귀임할 수 있는 조건은 무엇인가라고 물으셨는데, 글쎄요, 아베 총리의 머릿속에 들어가 보지 않으면 그것은 모르겠지만, 대사 귀환은 당분간 쉽지 않지 않나 생각합니다. 결국은 우리가 어떤 대안을 선택하더라도 한국 정부가 연속성을 가지고 일본을 중시하는 정책을 펼 것이라는 확신이 주어져야 일본도 대사를 귀임시킬 텐데, 그 전까지는 쉽지 않은 상황으로 보입니다. 아마 새로운 정부가 들어서면 그것을 계기로 해서 한일관계를 안정화시키겠다는 입장을 취할 가능성이 있다고 봅니다. 제가 '위안부' 문제에 관해서 꼭 하고 싶은 이야기는 언론의 역할입니다. 이원덕 선생님께서 말씀하신 바에 따르자면, 위안부 합의에서 본질 면에서는 좋은 성적을 얻었음에도, 정부가 국내 공감대 형성에 있어서는 부족했습니다. 그런데 본질 면에서 좋은 성과를 얻었음에도 이것이 그다지 평가가 안 됩니다. 왜일까요? 우리 언론이 일본 정부가 하고 싶은 이야기, 예를 들어 일본은 10억 엔 외에 잃을 것이 없다, 이런 이야기에만 초점을 맞추어 보도를 하면, 우리들의 의식에는 식민지배에 대한 피해의식이 강하게 남아 있기 때문에, 위안부 합의에서 우리가 얻었던 성과보다는 음모론적인 평가에 국민들의 관심이 쏠릴 수밖에 없습니다. 언론에 종사하는 분들을 만나서 이야기해 보면 그런 점들을 인정하면서도, 실제 보도에서는 다른 논조를 취하는 이중적인 행태를 보입니다. 다음 정부가 들어선다고 이런 것이 쉽게 달라질 것이라고는 보지 않습니다. 아마도 언론 스스로 자정 능력을 갖추지 않으면, 일본과의 협상에서 좋은 성과를 얻었다고 하더라도, 흑백논리를 가지고 양자택일적인 관점에서 과거사를 평가할 수밖에 없다면, 아마도 과거사 문제는 계속 한일 관계의 가시로 남을 수밖에 없다는 이야기입니다.

박철희: 간단히 말씀드리겠습니다. '위안부' 합의가 나오면 우리가 굉장히 초조해하는데 저는 역발상을 할 때가 되었다고 생각합니다. 이 합의는 합의하고 재협상을 얘기하는 쪽이 부담을 지고 책임을 지게 되어있습니다. 그러니까 문재인 후보께서 재협상을 하겠다고 하시는데 뾰족하게 해결할 수 있는 방법이 없어요. 그러면 자기가 다 책임지고 나중에 당신은 뭐했냐고 또 욕먹을 겁니다. 그렇기 때문에 저는 이것을 가만히 내버려 두는 것이 낫다고 생각합니다. 아마 일본의 우익들이 소녀상에 굉장히 집착하고 있기 때문에 일본이 환불할 가능성이 높습니다. 소녀상을 치우지 않으면 협상을 파기하겠다고 일본에서 이야기하면 "thank you very much"하고 받으면 됩니다. 그렇기 때문에 너무 초조해하지 말아야합니다. 우리는 참을성도 없

고 대담하지도 않기 때문에 어떻게 해야 하나, 이제 우리는 무엇을 할 것인가를 자꾸 먼저 생각을 하는데, 조금 느긋하게 생각하면 좋겠다, 이것이 첫 번째이고 요. 그 다음에 사드하고 위안부 문제는 서로 바꿔치기로 생각할 문제는 전혀 아니라고 봅니다. 왜냐하면 사드의 배치를 바꿔도, '위안부' 합의를 뒤집어도 결국은 우리는 미국을 배반하는 꼴이 되는 겁니다. 사드 문제에 대해 재배치를 반대하면 미국의 오른뺨을 때리는 것이고, 위안부 합의를 파기하면 왼뺨을 때리는 것입니다. 트럼프가 과연 그것을 참을 수 있을까. 아마 그렇지 않을 것이라 이야기할 수 있습니다. 그 정도의 각오가 되어 있는지 생각해보고 전략적 판단을 해야 할 부분이고, 대충 한쪽 마무리하고, 나머지도 대충 마무리하고 그러는 것이 아니고, 결국은 이 전체 합의를 관통하는 요소가 미국이라는 것을 머릿속에 잘 집어넣어야 합니다. 왜냐하면 '위안부' 합의라는 것이 한일관계를 복원시켜서 한미일 안보협력을 다시 가져오기 위한 타협적인 기조였습니다. 그 타협을 우리가 차버리기 시작하면 그 다음부터는 한일관계가 무너지고, 한미일관계가 무너지고, 한미관계가 무너질 것입니다. 그 정도의 각오가 되어있으면

"yes please." 한 번 해보세요. 그 정도의 각오를 가지고 한국 외교를 끌어갈 수 있는 자신감이 있는 지도자가, 정책전문가가 과연 한국에 몇 명이 있을까요? 대사 귀환은 우리가 아니라 일본이 걱정해야 될 사안이에요. 대사 귀환을 위해 소녀상 철거를 조건으로 걸어놓은 것은 아베입니다. 소녀상을 철거할 수 없다는 것은 한국입니다. 소녀상을 철거할 수 없다는 것은 일본사람들도 잘 알아요. 그러니까 자기들도 딜레마에 빠졌어요. 돌려보내고 싶어도 한국이 철거하지 못하니까 못 돌려보내는 겁니다. 돌려보내고 싶지만 돌려보낼 명분이 없어요. 그렇기 때문에 가만히 기다리고 있으면 돼요. 지금 안돌아오면 일본이 손해 보지 한국이 손해 봅니까? 이미 한국이 손해 볼 것은 다 보았습니다. 그러니까 가만히 내버려두면 어느 순간 자기 발로 돌아올 겁니다. 적어도 대선이 끝날 때면 돌아옵니다. 안돌아온다고 우리가 안달할 필요 없겠지요. 일본 대사가 못 돌아오는데요. 우리 대사가 못 돌아온다면 문제가 되지만, 일본 대사 귀환을 왜 우리가 걱정을 해야 합니까. 그런 초조함을 좀 버려야한다고 생각합니다. 그리고 모리토모 학원 문제로 아베는 지지율이 하락할 것입니다. 아마 많이 빠지면 10퍼센트에서 15

퍼센트까지 빠질 텐데, 꼬리 자르기 할 겁니다. 견제를 하다가 안 되면 누구를 자를 것이고, 그렇게 자르고 나서 또 누구를 자르는 식으로, 꼬리를 자르면서 살아남을 것입니다. 아베는 쉽게 안 무너집니다. 왜냐? 아베가 훌륭해서가 아니고 대안이 없기 때문입니다. 자민당 내부에 대안이 없고, 야당은 그것을 쓰러뜨릴 힘이 하나도 없습니다. 쓰러뜨릴 힘이 있었으면 벌써 아베는 흔들렸겠죠. 저는 아베는 2021년까지 간다는 전제를 갖고 대일정책을 세워야 틀림이 없을 것이라 생각합니다. 제가 박근혜 정권이 출범할 때, 아베가 처음 나왔을 때, '아베 6년 갑니다' 그랬더니 외교부에 있는 사람들이 전부 저를 이상한 사람이라고 생각했습니다. '당신 아베 친구니까 그렇게 이야기 하지.'라고 했지요. '아니! 그런 것이 아니라 일본을 잘 읽어라.'라고 응답했는데, 2년 지나고 나서야 '오 진짜 오래갈 것 같은데요' 라고 인정하기 시작했습니다. 왜냐? 박근혜 정권 초기에는 저런 바보 같은 아베가 어떻게 오래가겠냐. 저런 아베를 어떻게 일본이 받아들이겠냐고 생각했을 겁니다. 아닙니다. 현실적으로 봐야합니다. 눈을 똑바로 뜨고 보아야 하는데, 우리가 바라는 대로 봐서는 안 됩니다. 우리가 바란다고 아베가 그만둘 것 같으면 기도하면 해결될 일이죠.

남기정: 네, 감사합니다. 시간이 모자라죠. 일단 위안부 문제는 여기서 마무리 짓고요, 현실적으로 이제 경제, 안보 협력을 어떻게 해나갈 것인가에 대해 조금 더 이야기를 해보도록 하겠습니다. 먼저 손열 선생님 한일 경제협력 방안에 대해 발제해 주시고, 다음에 박영준 선생님께서 안보환경과 한일협력에 대해 발제해 주시기 바랍니다.

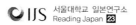

서울대학교 일본연구소
Reading Japan 23

주제3

한일경제협력의 아젠다와
추진 방법은 무엇인가?

- "아베의 마음, 이른바 역사수정주의가
- 전혀 변하지 않고 있는 현 시점에서 합의
  가 나온다면 이것은 타협일 뿐"
  "일자리 창출을 위한 한일FTA를 생각해
  볼 수 있다"
  "한국의 양질의 청년 노동력이 일본에
  쉽게 건너가서 일을 할 수 있도록 양국
  간의 조치가 나온다면 정말 윈윈"

한일경제협력의 아젠다와
추진 방법은 무엇인가?

손 열

(연세대 교수)

손 열: 한일 경제관계는 크게 두 가지 영역으로 나누어 생각
해 볼 필요가 있습니다. 첫째는 아태 지역질서 차원에
서의 한일관계인데, 이를 위해서는 미일관계부터 따
져 볼 필요가 있습니다. 일본은 전후 어떠한 지역협력
또는 지역 다자협력 시도의 경우에도 미국이 빠진 다
자협력틀을 추진 해본 적이 없습니다. ADB, APEC,
EAS, TPP가 그랬고, 미국이 빠진 APT에는 소극적입
니다. 그것은 전후 일본이 보여주는 일관된 정체성이
고요, 따라서 향후 미국이 빠진 지역 협정에 적극적
으로 나설 가능성은 낮다. 그러니까 현재 아태 경제질
서를 흔들어 놓고 있는 미국의 TPP 탈퇴 선언 이후

73

대안으로 TPP-11 구상이 나오고 있는데, 일본의 적극적 역할이 없이는 성립되기 어려운 사정이죠. 반면 미국은 양자주의에 근거하여 양자 협정을 추진하고 있으며 일본의 핵심 파트너입니다. 그 성사 가능성에 대해 저는 단기적으로는 부정적으로 봅니다. 왜냐하면 TPP 프레임워크 속에서 미일 간의 많은 협의와 타협이 있었는데, 일본 쪽에서는 거의 예외 없이 일본이 상당히 많은 양보를 했다고 믿고 있습니다. 그런데 트럼프 대통령이 나와서 TPP는 굉장히 잘못된 협상이라고 하니까, 일본이 테이블에 나오기 어려운 형편이라 할 수 있습니다. 그런 국내적으로 어려운 사정이 있어서 단기적으로 TPP minus US나 미일FTA가 체결될 가능성은 그렇게 높지 않다고 봅니다. 그렇게 된다면 남은 지역 무역 협정들, RCEP이나 한중일 FTA 이런 쪽에서 좀 더 적극적으로 협력을 해나가야 하는데, 이때까지는 그렇게 하지 못했죠. 이쪽 협력을 조금 더 적극적으로 추동하려면 한일 협력이 불가결하다, 이런 속에서 한일FTA의 함의를 다시 생각해볼 수 있을 것이라 생각합니다.

두 번째는 한일 FTA인데 이는 매번 나오는 이슈이며 정권이 바뀌면 늘 이야기해왔습니다만, 박근혜 정부에서 한일FTA는 TPP에 대한 교섭이 상당히 진척된 과정에서 한국이 급히 반응을 보인 바 있습니다. TPP가 되고 나서 한국이 가입하게 되면, TPP 프레임워크 속에서 한일 협상을 하게 되는데, 그렇게 되면 일본에 선수를 빼앗기게 되니까, 그 이전에 한일FTA를 다른 방식으로 할 수 없겠느냐는 의도이었죠. 일본은 TPP 틀 속에서 논의하자는 입장이었습니다. 이제 TPP가 중단되었기에 한일 간에 새로운 모멘텀이 등장하고 있다고 볼 수 있겠습니다. 그런데 한일 FTA에는 좀 새로운 프레이밍이 필요할 듯합니다. 우리 입장에서는 정말 일자리 문제가 심각하지 않습니까. 일자리 창출을 위한 한일FTA를 생각해볼 수 있다, 여태까지의 FTA는 다 제조업 중심, 대기업 중심이었는데, 즉 제조업을 하는 대기업들이 일본과 FTA를 할 때 얼마나 이익과 손해를 보는가가 판단의 핵심이었지만, 그런 것은 굉장히 생산자 중심의 FTA고려였다고 할 수 있습니다. 문제는 FTA를 통해 대기업의 시장접근이 확보되더라도 그만큼의 일자리가 생겨나지는 않습니다. 일자리는 주로 서비스업과 관련되기 때문이죠. 이런 점에서 서비스 무역 확대를 한일 FTA의 중심 이슈로 다루는 것이 상당히 중요하다고 봅니다. 문화산업이 대표적입니다. 특히 한류가 저쪽에서 유행하고 있기 때문에 상대적으로 중요할 것이라고 봅니다. 그리고 고령화 사회를 겨냥한 의료산업 관련 협력 등도 좀 새롭게 고려할 필요가 있다는 것이고, 그 다음으로 인력이동 파트에 대해서는 특히 젊은 세대의 경우 양국이 저출산 고령화 사회로 빠르게 진입하고 있는데, 특히 일본이 지금 노동인구가 급격하게 줄고 있지 않습니까. 대표적으로 단카이 세대가 연 270만 명인데, 그게 몇 년 전부터 매년 270만이 은퇴를 하고 신규 대졸자 유입인원이 120만명 정도 된다고 하니 약 150만 정도의 공백이 나타나게 되는 것이죠. 또 다른 통계는 일본의 생산가능 인구가 85만 감소하고 대졸자 97.3%가 취업을 하여 약 56만이 유입된다고 하니 이건 우리 현실에서는 굉장히 매력적인 숫자죠. 여기서 한국의 양질의 청년 노동력이 일본에 쉽게 건너가서 일을 할 수 있도록 양국 간의 조치가 나온다면 정말 윈윈이 되겠죠. 그러기 위해서는 FTA 틀속에서 어떤 제도를 우리가 마련해야 할지에 대해 여러 많은 생각할 거리가 있을 것 같습니다. 마지막으로, 트럼프는 세계화나 자유무역, 자유주의 등에 역행하는 정책을 강하게 추진하고 있기 때문에 한국과 일본은 이에 대해 자유주의 규범을 지키고 확산하는 노력을 적극적으로 해야 한다는 것입니다. 예컨대 정경분리의 원칙이 지켜져야 합니다. 한일 양국은 적극적으로 이를 지켜 나가려 노력해야 하겠다는 말씀으로 마무리하겠습니다.

남기정: 네 감사합니다. 다음 박영준 선생님, 한일 안보협력의 현실과 전망에 대해 발제 부탁드립니다.

한일군사정보보호협정(GSOMIA) 이후 한일안보협력을 어떻게 할 것인가?

● "북한의 군사적 위협을 억제하는 차원에
○ 서 한일 간의 협력이 추진되어야 합니다.
● 한미일 정보공유약정과 한일 군사정보보
호협정을 활용해 북한에 관한 정보를 공
유하고, 정책 공조를 좀 더 강화할 수 있
다고 생각합니다."

"한일 간 안보협약이 남북 간의 관계를
악화시키거나, 혹은 중국을 적대시하거
나 그런 형태가 되어서는 상당히 곤란하
다고 생각합니다."

한일군사정보보호협정(GSOMIA) 이후 한일안보협력을 어떻게 할 것인가?

박영준
(국방대 교수)

박영준: 처음에 발표를 준비할 때에는 대통령 탄핵 결정이 나지 않아서, "질곡의 한일관계: 차기 정부에 바란다" 는 오늘 세미나 제목이 과연 적절할까 라는 의문을 갖고 있었는데, 다행히 탄핵이 인용되어서(웃음), 오늘 세미나 주제가 적절하게 된 것 같습니다. 제가 말씀 드리려는 것은 크게 세 가지입니다. 우리 안보정책의 목표는, 북한의 위협을 배제하고, 주변국들 간에 있을 수 있는 군사적 긴장을 방지하고, 한반도 및 동아시아 지역의 안정과 평화를 유지하는 것이 될 텐데,

그것을 위해서 우리가 쓸 수 있는 수단으로는 자주국방, 한미동맹 강화, 지역 내에서의 다자간 안보협력 체제 구축이 있을 수 있습니다. 이 세 가지에 더해, 남북 대화나 남북 접촉을 통해 안보를 강화시키는 것이 있을 수 있습니다. 이 네 가지는 이승만 정부부터 지금에 이르기까지 역대 정부가, 중점의 차이는 있지만, 각각 취해온 안보정책들이기도 합니다. 그런데 그 속에서 한일 안보협력이란 것은 네 가지 차원에서 보면 한미동맹 강화나 다자간 안보협력과도 직결된다고 봅니다. 그렇게 봤을 때 박근혜정부의 안보정책을 평가한다면, 사실 취임 이후 남북신뢰프로세스 추진이라든지, 동북아 평화협력구상, 유라시아 이니셔티브 등을 제기했는데 이것들이 크게 보면 제가 말한 네 가지 범주에 들어가는 것들입니다. 그런데 박근혜 정부는 표방했던 정책공약을 여러 가지 이유로 이행하지 못했고, 최악의 상황으로 빠지는 결과를 자아냈습니다. 일각에서는 박근혜 정부가 다른 것은 못 했어도 외교안보는 잘 했다고 하는데, 저는 도무지 이해할 수 없어요. 제가 볼 때는, 대한민국 안보정책의 네 가지 축이 전부 다 무너졌습니다. 개성공단 폐쇄 결정이 작년 2월에 내려졌는데, 개인적으로는 이것도 신중하게 판단한 것인지 의심스럽습니다만, 어쨌든 그것에 의해서 남북신뢰프로세스에 타격을 주었지요. 또 외교부는 동북아 평화협력 구상을 진척시켰다고 하지만, 실제로 EAS, ARF 등의 다자간 회의에서 적극적인 노력을 하지 못했습니다. 동중국해, 남중국해 문제에 관해 미중간의 갈등이 고조되었지만, 한국정부가 그 안에서 무언가를 한 것도 없습니다. 거기에다가 한중일 정상회담은 다자간 안보협력을 촉진할 수 있는 중요한 메커니즘이지만 제대로 활용되지 못했고, 한중일 협력기구는 아예 방치되어버렸습니다. 더군다나 다자간 안보협력을 추구한다면 양자관계의 개선이 필요한데, 한일관계가 파탄난 것에 더해 한중관계도 악화되어 버렸습니다. 그래서 다자간 협력이 제대로 진척되지 않았던 것이고, 그 결과 유라시아 이니셔티브를 표방하더라도 모멘텀이 상실된 것입니다. 북극해 항로 개발 같은 경우는 이명박 정부 당시 상당히 열의를 보이고 테스트 항해도 했었습니다만, 박근혜 정부에 들어와서는 별로 진척되지 못했습니다. 그럼에도 불구하고 미국의 압력도 있었고, 북한의 군사적 위협 증대도 있어 2014년 12월 한미일 정보공유약정이 체결되었습니다. 그 다음에 작년 11월에는 한일군사정보호협정(GSOMIA)이 체결되었는데, 저 개인적으로는 이것이 체결된 것에 대해서는 너무 조급하게 서둘렀다는 생각이 없지 않았습니다. 두 가지 이유에서였는데, 2014년 체결된 한미일 정보공유협정이 잘 가동되고 있는지 평가한 다음 이 협정으로 이행하는 과정이 있었어야 하는데, 한미일 정보공유협정에 대해서는 국방부 등에서 평가를 하지 않았던 것 습니다. 그리고 2012년 6월 한일 GSOMIA가 국내 반발로 무산된 일이 있었는데, 그 반발에 대한 설득 논의를 국방부나 외교통상부가 충분히 제기하지 못했습니다. 그럼에도 불구하고 체결되었을 경우 반발을 어떻게 감당하려 하느냐, 라는 생각 때문에 개인적으로는 서두른다는 느낌도 있었습니다만 결국 체결되었습니다.

두 번째로 말씀드리려는 것은 한반도를 둘러싼 안보정세가 굉장히 심각한 상황이라는 점입니다. 저 개인적으로는 6·25전쟁 이후 최대의 안보위협이라고 평가하고 있습니다. 3중의 위협이 있습니다. 세 가지 층위에서 문제가 있는데, 첫 번째는 북한의 핵탄두 개발과 미사일 공격수단 개발이라는 것이 양적으로나 질적으로나 상당히 증강되었습니다. 현재 북한에 핵탄두는 20여발 정도 있다고 추정되며, 2-3년 뒤에는

50-100발 수준으로 증강될 전망인데, 이렇게 되면 지금의 인도 파키스탄 이스라엘 수준이 됩니다. 운반수단으로 미사일을 개발하고 있고, 소형화가 진척되고 있으며, 여기다가 핵과 미사일 전력을 전담하는 전략군이 강화되면서 북한의 군사 제도가 육해공 3군이 아니라, 4군이 되었습니다. 그렇게 되면서 군사전략이 상당히 공세적으로 변화하고 있습니다. 이것이 첫 번째 위협이구요. 두 번째는 미중 간 관계인데, 투키디데스 함정이랄지, 넥스트 그레이트 워(next great war)라는 것이 대두됩니다. 2015년에 하버드에서 '넥스트 그레이트 워'라는 책도 나왔었고, 관련 세미나도 열린 적이 있습니다. 트럼프 행정부 등장에 따라서 오바마 정부 때보다는 좀 더 군사적인 영향력의 증대를 꾀하는 것 같고요. 중국도 이제 동중국해, 남중국해 해역에서 군사화를 진척시키는 상황입니다. 물론 미중 간에 파멸적인 경쟁은 서로 피하려고 하겠지만, 우발적인 충돌이 일어나면서 한국의 경제상황 등에 타격이 가해질 우려가 있습니다. 그 다음에, 그와 연관해서 동중국해 센가쿠해역을 두고 중일 간에 우발적 충돌 가능성도 있어, 3중의 불안정성이 있다고 봅니다.

거기에 대비해서 우리가 안보정책을 어떻게 설정해 나갈 것이냐는 것이 쟁점인데, 저는 아까 말씀드린 네 가지 축을 복합적으로 운용하는 것이 불가피하다고 봅니다. 즉 자주국방, 한미동맹, 다자간 안보협력, 남북대화나 접촉의 허용 등입니다. 그런 측면에서 한일 안보협력은 그 목적을 위해 이루어져야 한다고 봅니다. 첫 번째는 북한의 군사적 위협을 억제하는 차원에서 한일 간의 협력이 추진되어야 한다는 것입니다. 한미일 정보공유약정과 한일 군사정보보호협정을 활용해 북한에 관한 정보를 공유하고, 정책 공조를 좀 더 강화할 수 있다고 생각합니다. 다만 지금 일각에서는 정권을 잡으면 GSOMIA를 폐기하겠다고 하고 있습니다만, 북한에 대한 정보를 공유할 수 있는 메커니즘 자체는 유지하는 게 좋지 않을까 싶고요. 그 다음에 일본이나 한국이나, 사실 핵무장의 가능성이 제한되어 있어서, 미국이 제공하는 핵우산이랄까 확장억제에 의지할 수밖에 없는데, 일본은 좀 더 개별적으로 양자관계 차원에서 미일 간 확장억제 신뢰성 강화를 위한 협의를 진행 중입니다. 한국도 미국이 제공하는 확장억제나, 핵우산의 실효성 신뢰성을 증진하기 위한 한일간 안보 협력이 가능하지 않을까 하고요.

거기에 더해서 트럼프 행정부가 아시아 지역 동맹국들에 방위비 분담의 증대를 요구하는 것에 대해서도 한일이 협력하여 대처할 수 있지 않을까 하고요. 또 북한지역에서 유사사태나 급변상태가 일어날 가능성도 배제할 수 없는데, 거기에 대해, 물론 한미 간의 협력이 가장 중요하겠지만, 경우에 따라서는 일본과의 협력도 필요할 수 있다고 봅니다.

두 번째는 우발적인 미·중 간 분쟁 가능성, 중·일 간 분쟁 가능성에 대해서 동아시아 지역에서 다자간 외교, 다자간 안보 협력의 메커니즘을 강화하는 것이 필요하다고 생각됩니다. 이것은 한일 관계뿐만 아니라, 한중일 간, 혹은 EAS, ARF 차원에서 지역 간의 안정을 위해서 서로가 공유할 수 있는 어젠다를 개발하고, 규범을 개발하는 노력들을 하면서 한일 간 안보 협약을 추진시키자는 것입니다. 예컨대 2014년 4월에 칭다오에서 미국, 중국, 일본, 한국 등 21개국이 합의한 우발적 해양 충돌 방지에 대한 규범 같은 것들이 있는데, 한국과 일본이 이러한 규범들을 보다 실행력 있고 디테일한 세부규범으로 발전시키는 협력을 할 수 있습니다. 또한 미·중 간에 공중에서 우발적 충돌을 방지하기 위한 규범을 논의하고 있는데, 한국과 일본도 이에 참가하여, 공동 협력 하에 보다 보편적인 규범들을 창출할 수 있습니다. 그 밖에 사이버나 에너지 안보와 같은 분야에서의 안보협력도 한국과 일본이 중국 등을 포함하여 추진할 수 있습니다.

마지막으로 말씀드리고 싶은 것은 한일 간 안보협약을 추진하는 데에 제약이 있다는 거죠. 저는 한일 간 안보협약이 남북 간의 관계를 약화시키거나, 혹은 중국을 적대시하거나 그런 형태가 되어서는 상당히 곤란하다고 생각합니다. 그와 같은 부분에 있어서는 제약을 가하는 게 좋겠다고 생각합니다. 다시 말해서 북한의 개혁 개방을 유도하고, 중국을 포함한 다자간 안보 협력이 구축되는 선에서는 그것을 전제로 해서 한일 안보 협약이 바람직합니다. 그러나 일본 내에서 북한 위협에 대응하여 적기지 공격 능력의 강화를 논의하는 것 등은 남북관계를 결정적으로 악화시킬 수 있기 때문에, 그런 움직임에 대해서는 우려를 표명해야 한다고 생각합니다. 또한 사드 배치에 대한 중국의 간섭은 부당한 것이고, 적극 대응해야 합니다만, 중국을 적대시하는 한미일간의 군사적 대응에 대해서는 신중을 기하는 것이 좋겠다고 생각합니다. 일본 내에서는 중국의 군사력을 상대로 하여 한미일이 군사적 결속을 강화해야 한다는 견해가 존재하는데, 이같은 구상은 북한 문제를 해결하기 위해 안보협력을 해야 하는 중국을 적대시하는 결과를 낳을 수 있기 때문에 우리로서 신중을 기해야 한다고 생각합니다. 이 정도로 마치도록 하겠습니다.

남기정: 네, 감사합니다. 일단 여기까지 질문지가 있으신 분은 질문지를 제출해주세요. 네, 두 분 발제 잘 들었습니다. 경제와 안보를 이분해서 생각하기 어려운 게 최근의 상황인 것 같습니다. 경제가 안보고, 안보가 경제인 상황입니다. 특히 최근 사드 문제에서 그것이 극명하게 드러나는 것 같아요. 안보 이슈인 사드 문제가 중국으로부터의 경제 보복을 야기하고 그것이 다시 안보 환경을 변화시키는 현실을 보면 말입니다. 한일관계도 그렇습니다. 한일간에 경제협력이 좀 더 증진된다면 미·중 간의 직접적인 힘의 충돌이 있어도 한일관계가 그 사이에서 완충작용의 역할을 할 수도 있을 것이고, 또 안보 면에서는, 예컨대 오늘은 간략하게 넘어갔습니다만 북극해에서 한일간에 안보협력을 적극적으로 추진하게 되면, 그 영역에서 조선 사업이 기회를 갖게 된다거나 하는 점에서 안보와 경제를 같

이 논의하는 것은 함의가 넘치는 주제인거 같습니다. 이에 대해서 혹시 나머지 세 분 선생님께서 추가적으로 생각해볼 거리나 이견을 갖고 있다면 보충 말씀을 듣겠고요, 만일 없으시다면 곧바로 조양현 선생님의 발제를 듣고, 마지막에 대일 외교를 전개하는 입장을 총괄하여 정리해서 말씀 해주시는 것도 괜찮겠습니다. 그럼 조양현 선생님 발제 부탁드리겠습니다.

일본과의 투트랙 외교는 어떻게 가능한가?

● "중요한 것은 '외교의 정치화'라는 현실
● 을 어떻게 원래 상태로 회복할 수 있는가
하는 문제…… 보통국가화하고 우경화하
는 일본이 우리에게 전략적으로 어떤 가
치가 있는지, 우리가 갖고 있는 대일인식
을 이러한 전략적 사고로 전환시키는 것
이 투 트랙 어프로치를 가능하게 하는 조
건……"

일본과의 투트랙 외교는 어떻게 가능한가?

조양현

(국립외교원 교수)

조양현: 제 발제문에 정리되어 있는 내용을 순서대로 말씀드리지 않고, 포인트별로 말씀드리겠습니다. 저한테 주어진 주제는 '투 트랙 어프로치가 가능한가? 그런 접근이 무엇인가?'입니다. 투 트랙 어프로치가 무엇을 의미하는가. 아마 박근혜 정부 초기 3년 간 외교의 반면교사에서, 일본과 협력과 과거사 갈등의 해결을 동시에 타개하자는 의미에서 투 트랙 어프로치를 말씀하신다고 이해했습니다. 그렇죠? 만약 그렇다면 그것이 적절한가를 따져봐야 할 거 같은데, 과연 적절한

가요? 저는 적절하다고 생각합니다. 역사 화해가 안 되면, 다른 협력도 안 되는 거니까요. 그런데 해보니까 어땠습니까? 역사를 우선하고 다른 협력을 등한시하는 건 아니었겠지만, 결과적으로는 역사도 안 되고 다른 문제도 안 돼요. 양자 중 하나를 선택할 수 있는 게 아니라, 양자 모두 중단되고 만다는 결론을 확인하게 됩니다. 따라서 우리에게 남아있는 것은 과거사에 대해 의견의 차이가 있더라도 그 차이를 좁히기 위한 노력을 하는 동시에, 다른 협력, 즉 경제와 안보상의 실리를 추구하는 것도 같이 병행해야 한다는 것입니다. 중요한 것은 그걸 어떻게 추구할 것이냐 하는 것입니다. 제가 처음에 지금의 한일관계는 결속요인과 이완요인이 동시에 강해지고 있는 상황이라는 이야기를 드렸습니다. 국제 정치나 경제가 굉장히 불투명해지면 과거처럼 한일이 협력을 해야 하는데 그러한 모습이 잘 안보이거든요. 과거사 갈등을 가속화시키고 있는 것은 한국의 과도기적인 정치상황입니다. 탄핵 정국 하에서 대선을 앞두고 국민 여론이 과도하게 대외 정책과 연동되면서 정책 연속성이 훼손될 가능성이 커지고 있다, 그래서 이러한 부분이 한일관계의 이완 요인이 되고 있는 상황입니다. 이러한 논리에서 이야기를 하자면, 결속요인을 강화하면 투 트랙 어프로치가 될 가능성이 커질 것입니다. 또 하나는 이 완요인을 관리하는 거라고 봅니다. 생각할 수 있는 시나리오 중의 하나는 대외 안보나 경제적인 위기 상황이 발생하는 겁니다. 김대중 정부 때 한일관계를 잘 해보자고 했던 배경에는 IMF가 있었습니다. 이명박 정부 초기에 국제금융위기가 있었기 때문에 한중 관계나 한일 관계를 잘 해보자는 게 있었던 겁니다. 냉전기는 말할 것도 없었고요. 그렇다면 지금 상황은 어떤가? 위기이긴 하지만 뜨뜻미지근한 거죠. 예를 들어 한미 FTA 개정 움직임이나 더 큰 북한 도발이 발생한다면 어떻게 될까요? 아마도 한일 간의 공조를 해야 한다는 분위기로 갈 테죠. 그렇지만 이러한 상황은 주객이 전도된 거죠. 한일관계를 잘 하기 위해서 국제환경 자체가 불안정해지는 것을 한국이 바랄 수 있는 것은 아니지 않습니까. 그리고 이것 자체는 우리가 통제 가능한 변수가 아닙니다. 그렇기 때문에 우리가 현실적으로 생각해야하는 것은 한일관계의 이완요인을 어떻게 관리할 것인가하는 부분이라고 생각합니다. 이 때 중요한 것은 '외교의 정치화'라는 현실을 어떻게 원래 상태로 회복할 수 있는가 하는 문제라고 봅니다. 그러니까 외교를 탈정치화 시켜야 한다는 것. 여기에 대해서 국민적인 공감대가 형성되어야 투 트랙 어프로치가 가능하다는 것입니다. 지금 동북아에 다른 나라의 상황도 비슷한데, 국민여론이나 정체성의 정치가 외교를 압도하는 상황입니다. 러시아도 강한 지도자에 대한 열망이 있고, 중국도 '중국몽'을 이야기하고. 일본은 어떻습니까? '정체성의 정치'나 '적극적 평화주의' 같은 것은 일본 국민들에 대해 과거 역사에 대한 자부심을 자극하는 이야기입니다. 강한 국가. 그래서 영토·역사 문제는 절대로 포기하기 어려운 상황이 되어 있습니다. 이러한 상황에서 한국만 그와 반대 방향으로 갈 수 있을까? 생각해보면 쉽지 않은 거죠. 그리고 우리에게 있는 과거사라고 하는 것, 일본의 특수성이라는 것은 본능에 가까운 겁니다. 본능에 반대되는 외교적인 선택을 하는 것은 역풍을 맞기 쉽습니다. 우리가 민주화가 되면서 과거 권위체제 때에 했던 외교들의 행태는 더 이상 기대하기 어렵습니다. 한일회담 때 국민들이 반대했지만 국익을 위해서 그냥 밀어붙였습니다. 80년대까지도 그런 것이 가능했었죠. 왜? 권위주의 시대였기 때문입니다. 민주화되면서 이제는 국민의 공감대 없는 외교는 배신행위이고 매국행위라는 논리로 이어집니다. 그것이 과거의 식민지 지배의 기억과 합치가 되면, 우리의 과거의 기억이 개입되면 과거사에 대단히 민감하게 연동될 수밖에 없는 상황이 되는 거죠. 결국은 민주화의 역설인데, 민주화가 되고 나서 우리 외교, 특히 대일외교에 대해서는 점차 과거사와 관련하여 외교당국이 할 수 있는 역할은 많이 좁아졌습니다. 대일 외교에서 외교 당국이 할 수 있는 여지는 대단히 좁아졌고, 오히려 그걸 여론, NGO, 언론 등에 바통을 넘겨줘야하는 상황인거죠.

그럼에도 불구하고, 만약에 우리가 투 트랙 어프로치를 한다고 하면, 그리고 그것을 국민들에게 제시하려고 한다면, 과연 어떠한 명분이 필요한가? 아마도 단기적으로는 현재 대선 국면에서는 일단 기존에 박근혜 정부가 했던 정책의 연속성을 유지하는 게 국익에 합치된다는 논의들이 있을 수 있다고 봅니다. 사드 문제, 위안부 문제, 군사정보보호협정 등이 그것입니다. 대선 상황에서 야당은 정책의 기조 자체의 전환에 대한 문제를 제기하지만, 그것이 과연 실질적으로 유리한 것인지를 따져보면 다른 이야기이죠. 그리고 오늘 논의한 맥락에서 보자면 차기 정부가 고민해야 할 더 큰 문제가 있습니다. 과연 일본이라고 하는 나라가 한국의 국익에 있어 어떠한 의미를 갖는지, 또 보통국가화하고 우경화하는 일본이 우리에게 전략적으로 어떤 가치가 있는지를 따져보아야 합니다. 이게 아마도 박영준 선생님께서 말씀해주셨던 안보협력의 추진에 있어 중요한 전제라고 봅니다. 일본과의 안보협력은 어디까지 이루어져야 하는지를 따져보아야 하는데… 이것은 미국과의 동맹을 이야기할 때에도 '전략적 유연성'과 관련하여 한미동맹이 어떻게 바뀌어야 하는지를 생각해보아야 하는 것처럼… 이 문제는 결국 미국과의 양자관계나 일본과의 양자 관계뿐 아니라, 대외관계 전체에 대한 큰 기획이 도출된 다음에 세부적인 그림이 나오는 거죠. 그렇게 봤을 때 일본은 한국 외교에서 있어서 대단히 중요한 전략적 파트너라고 생각합니다. 우리가 갖고 있는 대일인식을 이러한 전략적 사고로 전화시키는 것이 투 트랙 어프로치를 가능하게 하는 조건이라 답하고 싶습니다. 그 이유는 우리가 한일 간 양자 관계 속에서 일본을 바라볼 때, 과거사에 있어서 우리가 원하는 양보를 해주지 않으면 더 이상 협력하기 어려운 상황이기 때문입니다. 그렇지만 지금의 동북아의 상황을 다자적이고 지역적으로 바라본다면, 일본은 상당히 많은 부분에서 우리와 같은 가치체계 및 이해관계를 공유하고 있기 때문에, 우리가 일본과 협력하지 않으면 우리의 외교적 입지가 대단히 고립되고 만다는 결론에 도달하게 됩니다. '한일관계 65년 체제'에 관한 논의와 관련해서 말하자면, 지난 50년 동안 우리가 경제와 안보를 우선하여 과거사 갈등을 부차적인 것으로 생각했지만, 이제는 그러한 '65년 체제'를 넘어서는 새로운 단계의 대일외교를 이야기해야 한다는 것입니다. 즉 다자 구도 속에서 일본의 전략적 가치라고 봅니다. 과연 일본이 우리가 원하는 만큼 과거사 문제를 완전하게 해결해줄 가능성이 얼마나 있을까요? 예를 들어 위안부의 법적 책임 문제를 해결해 줄 가능성이 얼마나 될까요? 크지 않죠. 그런데 우리의 국민감정은 대일 외교를 압도합니다. 외교당국이 협력할 수 있는 여지를 제공하지 않습니다. 'G2' 이야기를 하자면, 만약 미국과 중국이 지역질서를 다 정해버린다고 하면 어떻게 될까요? 물론 편할 수도 있지만, 역내의 다른 국가들이 이해관계를 가진 북한 문제와 같은 문제를 미국과 중국이 결정한다면 다른 국가들은 불편해 질 수 있습니다. 반대로 미중 양국이 대립하면서 우리에게 양자택일을 강요하는 상황도 불편한 것입니다. 이러한 상황에서 중소국 내지는 중견국인 한국의 파트너는 어느 나라가 될 수 있는가? 여러분, 저는 일본이라고 봅니다. 민주주의 체제, 시장경제, 미국과의 동맹관계도 중요하지만, 지정학적으로 한국과 같이 할 수 있는 것은 일본입니다. 그래서 우리 스스로 과거사에 대해서는 거침없이 문제를 제기하지만, 경제·안보 분야에서의 협력 문제, 그리고 지역 차원에서의 안정적인 질서 관리를 위해서는, G2체제에 대한 보험을 들수 있는 여지를 찾아가야 합니다. 그것은 결국 우리 외교당국이 해야 되는 것이기 때문에, 이에 대한 국민적 공감대가 필요한 것이 아닌가 생각을 해봅니다. 그렇지만 국민적 공감대는 대단히 먼 이야기입니다. 그래서 장기적으로 다음과 같은 발상의 전환이 필요하다고 봅니다. 우선, 한국과 일본이 과거와 미래를 동시에 이야기해야 한다고 봅니다. 일본은 미래를 이야기하고, 한국은 과거를 이야기하는데, 이제는 양국이 미래와 과거를 같이 이야기하는 발상의 전환이 필요하다고 생각합니다. 둘째는 양자 관계뿐만 아니라 다자 관계도 이야기 해야 한다는 것입니다. 북한 문제, 중국에 관한 것 등 다자적인 관점에서 이야기를 하자는 것입니다. 세 번째는 지금까지는 외교당국이 앞서 갔는데 이제는 시민사회의 주체가 커진 만큼, 그러한 시민사회의 역할이 발현될 수 있는 경로를 터 주자는 것입니다. 그것을 한국의 외교 당국이 유도해야 되는 것이 아닌가 싶습니다. 이와 같은 몇 가지 시점의 전환을 생각하고, 차기 정부가 이념 성향을 떠나서 진지하게 고민해야 되는 게 아닌가. 그래야만 중장기적으로 일본에 대한 투 트랙 어프로치가 가능하지 않겠나 하는 생각입니다. 이상입니다.

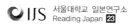

종합토론

남기정: 네, 감사합니다. 플로어에서 코멘트와 질문 등이 있었습니다. 차례로 소개하겠습니다. 우선 오늘 아마 이게 전체적인 감상일 것 같은데요. 코멘트라기보다는 감상이겠습니다. S4U주식회사 허남정 선생님께서 오늘 저희들의 논의를 정리해주셨습니다. 첫째 이원덕 선생님이 말씀해주신 것처럼 위안부 합의의 실상을 홍보하는 노력이 필요하다. 두 번째, 차기 정부의 한일외교는 균형외교가 필요하고 국익위주의 외교가 되어야 한다, 셋째 상호 존중하는 한일관계가 될 수 있도록 만들어야 하며, 넷째, 포괄성이 있는 한일관계, 특히 역사문제를 정치적으로 이용해서는 안 된다. 정치권, 언론, 시민단체가 협조해야 한다. 다섯째, 이것은 발제자를 포함해서 앞에 있는 저희들이 좀 유념해야 할 부분인 것 같은데요, 오늘 발표 가운데서도

일본을 '다룬다'고 표현한다. 일본을 아는 발제자들도 이런데, 많은 사람들이 과거사 문제 때문에 강대국 일본의 실상을 모른 채 감정적으로 일본을 가볍게, 만만하게 본다. 일본의 실상을 제대로 알려는 노력이 무엇보다 중요하다. 마지막으로 일본에 대해서 트럼프도 그렇고 아베도 그렇고 이념보다는 실용적인 장사꾼 마음으로 대해야한다, 라고 하는 감상을 주셨습니다.

다음은 질문들인데요, 제가 정리해서 말씀드리자면 우선, 첫 번째로 두 분이 비슷한 질문을 주셨는데, 먼저 익명의 질문자 분이 "한일관계가 얼마나 중요한가?"라고 질문해 주셨습니다. 그리고 비슷한 질문인데요, 서울대 아시아언어문명학부의 강원준 학생이, "21세기 한일관계 신파트너십 선언도 있었는데, 지금 일본이 한국을 파트너로 보고 있는지?"라는 질문을 주셨습니다. 이 두 개 질문에 대해서는 이원덕 선생님께서 답해주셨으면 좋겠는데요, 즉 일본 쪽에서 볼 때 한국이 가지는 의미와 영향은 어느 정도인가 라는 것이 질문의 핵심인 것 같습니다.

두 번째로는, 이것도 익명의 질문자인데, "사드배치를 되돌리는 것은 결국 어렵게 되겠지만, 시간을 최대한 끌어서 한국의 이익을 최대한 얻을 수 있으면 좋겠습니다. 이것이 가능한지요?"라는 질문입니다. 그런데 오늘 주제에 맞추어서 이걸 조금 변형해서 박철희 선생님께 질문을 드리고 싶은데요, "한일관계가 사드배치 문제를 합리적으로 풀어가는 데 일정한 의미를 가질 수 있는가"라는 질문으로 바꿔서 대답을 생각해 봐주셨으면 좋겠습니다.

세 번째 질문은 "새 정부가 발족한 직후에 특사를 파견하면 좋겠다. 그래서 일본의 체면을 세워주면서 중단된 스왑 협정이라든지 고위급 회담이라든지 이런 것들을 재개하고 위안부 협상과 관련된 환경을 개선하는 데 특사를 파견하면 좋겠다는데 가능성이 있는지, 있다면 언제쯤 어떻게 하는 것이 좋을지?"라고 질문 주셨습니다. 이에 대해서는 박철희 선생님께서 답변해 주시면 감사하겠습니다.

그 다음 네 번째 질문은 손열 선생님께 드립니다. "한일 서비스 중심의 FTA는 가능한가. 서비스 중심 FTA 사례가 있는가"라는 질문입니다. 이 질문은 김현철 소장님께서 주셨습니다.

그 다음에 박영준 선생님께 두 가지 질문입니다. 이것도 김현철 선생님께서 주셨는데, "북일 외교관계 정상화 가능성, 즉 북일간의 외교관계가 좀 진전될 가능성은 있는가"의 문제입니다. 그 다음에 "러시아와의 외교관계 강화, 협력 진전 가능성은 어느 정도이며, 러시아와의 관계진전이 한일 한미 한중 관계에 미칠 수 있는 영향은 어느 정도인가?"라는 질문을 주셨습니다.

마지막으로 조양현 선생님께서는, 네 분 선생님 발제에 대한 총평을 해 주시고, 한 번 더 본인의 발제에 대한 보충 발언을 해주시면 좋겠습니다. 손열 선생님께서 일찍 나가셔야 한다고 하셔서, 시간관계상 손열 선생님께서 제일 먼저 답변해 주시고, 퇴장 하시는 걸로 하겠습니다. 그리고 나머지 선생님들께서 답변 이어나가도록 하겠습니다.

손 열: 죄송합니다. 이렇게 중요한 자리인지 모르고… 굉장히 중요한 질문을 해주신 것 같아요. FTA는 상품무역과 서비스 무역에 대한 협정인데, 한미 FTA의 경우 서비스 부문의 개방, 개혁 조치들이 상당히 포함되어 있지 않습니까. 의료시장이나 법률시장 같은 부문은 상당한 논란이 되었었죠. 본래 서비스업은 문화 즉, 생활환경과 습관 등과 상당히 관련이 있기 때문에 문

화가 유사한 한일 양국간 교류와 통합의 가능성은 상당히 높습니다. 비단 문화산업 뿐만 아니라 고령화사회를 겨냥한 의료나 바이오, 헬스케어라고 얘기하는 부문, 디지털 무역 등이 있습니다. 그런데, 서비스 시장 개방은 관세조치가 아닌 비관세 조치가 주 교섭의 대상이므로 일본시장에 대한 철저한 조사와 연구가 선행되어야 하고, 비제도적 장벽의 논의가 가능하고 실질적 성과를 유도할 수 있는 방법을 강구해야 합니다.

이원덕: 시간관계상 세 가지만 말씀드리도록 하겠습니다. 일본 입장에서 한국의 전략적 가치를 어떻게 보고 있는 건지. 저는 근대 일본외교의 출발점은 한반도라고 봅니다. 그 점에 관해서는 지금도 큰 변화가 없습니다. 여전히 전략적인 차원에서 볼 때, 한국 또는 한반도는 매우 대단히 중요한 전략적 가치를 가지고 있다고 생각합니다. 상대적으로 지금 일본이 한국의 전략적인 가치를 낮게 보는 측면이 나타나고 있습니다. 일본의 혐한론, 또는 한국에 대한 반한과 관련한 에피소드를 말씀드리자면, 일본사람들에게 왜 당신들은 한국을 싫어하냐, 왜 한국을 미워하냐 질문했더니, 아주 재미있는 대답이 나왔습니다. "한국 사람들이 우리들

싫어하던데 뭐." 그러니까 한국 쪽이 일본을 어떻게 인식하고 어떻게 한국이 일본을 대하냐에 따라서 일본의 한국 인식, 또는 전략적인 가치는 상당히 좌지우지 되는 측면이 있다, 저는 이렇게 봅니다. 아까도 한일 관계에서 한국의 대일외교 리더십 혹은 한국의 대일인식이 한일관계의 성격을 규정하는데 대단히 중요한 팩터로 작용한다고 말씀 드렸는데, 우리가 어떻게 일본을 어떻게 인식하고 대하냐에 따라서 일본의 한국에 대한 전략적 평가가 좌우되는 측면이 있다고 말씀드릴 수 있고, 그래서 저는 한일관계에 있어서 존재론, 인식론, 전략론, 이런 관점에서 자꾸 얘기를 하는데, 상당부분 지금 일본에 관한 우리의 문제는 우리 머릿속에 있는 것입니다. 일본의 리얼리티가 갖는 존재론적인 문제도 없지 않지만, 더 심각한 문제는 우리 머릿속 일본 인식의 틀에 있다고 저는 보고 있습니다. 그 부분이 잘 조절될 수 있다면 한국의 전략적인 가치가 훨씬 더 높아지고 한국에 대한 일본의 니즈도 커질 거라고 봅니다. 단적으로 지금 아베 정부를 뒷받침하고 있는 두 개의 세력을 보자면 하나는 리얼리스트 그룹이고, 또 하나는 우익적 사고를 하는 그룹이라고 봅니다. 아베 총리가 낮에, 일상적으로 만나는 관료들은 상당히 합리적인 관점에서 한국을 바라보고 있는데 반해서, 밤의 술자리나 주말에 만나는 사람들은 우익그룹의 인사가 많은데, 대체로 이들은 한국을 무시하거나 경시하는 경향이 강해서 일본이 해양세력과의 연대를 통해 대중 포위망을 구축하면 되기 때문에 한국의 전략적 가치를 그다지 중시하지 않는 경향이 있습니다. 반면 리얼리스트 그룹은 여전히 한반도가 가진 전략적인 비중, 중요성에 대해서 가치를 두고 있다고 봅니다. 그리고 우리가 조절할 수 있는 측면이 있다, 그런 말씀을 드리고, 두 번째로 조양현 선생님 발제에서 좀 중요했던 부분은, 요즘, 특히 촛불 민심이다, 광장 정치다, 여론을 무시하는 외교가 있을 수 없다는 말씀을 많이 하셨는데, 거꾸로 말하면 한국이 지나치게 포퓰리즘적인 외교를 하는 것은 자멸의 길이기도 합니다. 그런데 굉장히 일부분 관리하는 것이 중요하다고 하셨는데, 단적으로 말씀드리면 여론이나 광장의 민심이라고 하는 것이 대단히 중요할 수밖에 없기 때문에, 더욱 소통할 수 있는 그런 외교를 할 수밖에 없고, 그런 의미에서는 저는 외교부 조직에서 예를 들면, 시민사회국 같은 부서를 만들어서, NGO의 리더들을 채용하여 일을 맡기면 어떨까 생각해보게 됩니다. 가령 위안부 문제에 대해서는, 정대협이나 나눔의 집 대표를 위안부 대사로 임명하여 외교부 관료들과 협업하여 위안부 문제를 풀어갈 수 있도록 하면 어떨까 생각합니다. 위안부 문제는 대일외교 사안이기도 하지만 국내정치, 국내사회의 중요한 이슈이기 때문에 시민사회와의 소통과 대화가 중요하거든요. 일본의 경우에도 북일간 납치문제 해결이 어려운 줄 뻔히 알면서도 납치담당대사, 자리를 만들어 대처해 나가고 있지 않습니까? 마찬가지로 우리도 발상 전환을 해서 위안부 담당 대사를 두고, 시민사회와의 소통을 강화함과 동시에 대일외교 현장에서는 이 문제가 어떻게 다뤄지는지를 이분들이 생생하게 모니터 할 수 있도록 하면 효과적이지 않을까 생각합니다.

마지막으로 안보문제에 관련해서는, 아주 단적으로 얘기하면 저는 사드문제, 위안부문제, GSOMIA 문제의 숨은 코드는 한미동맹이라고 봅니다. 그걸 노골적으로 얘기할 수는 없지만 이 세 가지 문제가 하나라도 걸렸을 때에는 한미동맹을 균열시키는 요소로 작동한다고 하는 것을 사실 우리 모두 다 알고 있습니다. 이 히든 코드를 고려한 대응이 일단 중요하다는 생각이고, 사드문제에 대해 먼저 말씀드리면, 저는 사드문제의 근본 원인은 중국 체제의 경직성에서 온다고 봅니다. 그리고 잘못 인풋된 사드에 관한 정보가 지금 시진핑의 어젠다가 되는 바람에 문제가 어렵게 됐다고 보고, 실질적으로 따져보면 만약에 사드가 중국의 정말 핵심이익을 저해하는 거라든지 아니면 중국의 지역 전략을 근본적으로 저해하는 그런 요소라고 한다면 좀 정밀하게 따져볼 필요가 있다고 생각합니다. 예컨대 x밴드 레이더의 탐사거리를 1000킬로미터 이내로 조절이 가능하다면 중국이 강조하는 그들의 핵심 이익을 건드리지 않으면서도 대북 핵-미사일 방어용으로 사용할 수 있다고 보고, 미사일의 사거리 조절이 가능하다면 더더욱 효과적일 수 있다고 봅니다. 물론 한미관계 속에서 이뤄져야 할 일이지만. 중국에게는 사드문제가 그야말로 국운을 건 체면 문제처럼 되어 있고, 움직일 수 없는 어젠다가 되어버린 건 대단히 유감스럽지만, 그 부분은 또 한중대화, 한미대화를 통해서 조절할 수 있는 부분이 있음에도 불구하고 너무 극단적으로 치닫고 있는 것이 아닌가, 이런 생각이 듭니다. 마지막으로, 안보문제는 정말 심각한 국면에 와 있다고 봅니다. 안보문제의 가장 기본

축은 한미동맹입니다. 그리고 동북아시아에서의 여전히 리얼한 힘의 관계로 볼 때는 미국이 압도적으로 우위에 있습니다. 지금 많은 국민들이 이중 양강구도다 또는 G2시대라고 하지만, 지금의 군사비 지출의 규모나 GDP의 규모를 보십시오. 제가 보기에 20년 이내에 중국의 군사력이 미국의 군사력을 넘어서는 일은 절대 없을 것입니다. 그것이 우리가 당면하고 있는 국제적 동북아의 국제환경의 리얼리티라는 것을 일단 기본에 놓고 문제를 바라봐야 되지 않나 생각합니다.

박철희: 특사파견에 대한 질문이 있었는데, 특사파견은 특사보다도 내용이 더 중요하다고 생각합니다. 특사를 보냈는데, '우리는 사드 배치 재검토하겠습니다, 위안부 재협상해야 됩니다, 아마 한일정보협정은 파기할지도 모릅니다'라는 메시지를 특사가 전하면 안 간 것보다 못하기 때문에 전략의 내용이 중요한 것이지 특사의 파견 자체가 의미를 갖는 것은 아닙니다. 한일 간에 정확하게 의사전달을 할 수 있는 채널이 지금 현재 있는 채널과는 다른 게 있으면 좋겠다는 말은 맞지만, 내용이 잘못되면 안 보낸 것보다도 못하기 때문에 조

심스럽게 고려해야 한다고 생각합니다. 한일간에 협력할 내용인데 얘기가 안 된다, 그러면 특사를 보내야죠. 그런데 그 이외에는 정상적인 채널이 더 낫다고 봅니다.

사드문제는 이원덕 선생님이 잘 말씀해 주셨는데, 기본적으로 중국은 한국 길들이기를 하고 있다고 봅니다. 그런데 여기서 굴복하면 끝나느냐, 저는 시작이라고 봅니다. 압력의 시작이지 끝이 아니기 때문에 자존심이 있는 국민이라면 일어서야 된다고 생각합니다, 문제는 중국이 정합성이 없는 얘기를 하거든요, 북한 때문에 문제가 생긴 것인데 자기들의 안보를 위협한다는 걸로 이해했고, 자기들 안보는 엄청나게 중요하다고 말하면서 한국의 안보는 알기를 우습게 알고, 이것은 자기 관심사가 아니라고 얘기하는 것은 굉장히 비등가성에 관련된 얘깁니다. 자기들은 안보가 중요한데 한국의 안보는 신경을 안 쓰겠다? 그것은 굉장히 고압적인 태도죠. 거기에다가 기본적으로 비평등성이 존재합니다. 압박을 통해서 자신들의 목표를 관철시키겠다는 것은 외교적으로 우리가 절대로 받아들일 수 없는 부분입니다.

받아들인다면 예전의 소공질서에 재편입하는 결과를

낮을 것이기 때문에 견디는 게 낫다고 봅니다. 문제가 북한 때문이라면, 북한의 문제가 해결되면 이 문제는 재고될 수 있고, 우리의 안보 이익을 자기들의 안보 이익만큼 고려해 준다면 충분히 얘기할 수 있는 소지가 있습니다. 그런데 문제는 박근혜 정부의 비전략성 때문에 나온 것입니다. 안 한다고 하다가 갑자기 어느 날 일주일, 열흘 사이에 방침을 바꾼 것은 중국을 어떻게 다룰지에 대한 생각이 전혀 없다는 것이고, 그렇다면 문제는 결국은 우리의 전략 부재에서 온 것이기 때문에 그것에 대해서는 대가를 치를 수밖에 없습니다. 잘못 된 부분에 대해서는 희생하고 견뎌야 한다고 생각합니다. 그러나 여기서 무릎을 꿇는다고 문제가 간단히 해결되지는 않을 것 같습니다.

하나만 더 말씀드리면, 박영준 교수님께서 한일안보 관계에 대해서 잘 말씀을 해주셨는데, 저는 한일 안보협력이라고 하는 것이 외적인 환경에서의 협력이라기보다는 거의 내부자 협력 관계라고 봅니다. "Integrated Whole"로 봐야 되는 관계이지 이게 그냥 '있으면 좋고, 아니어도 그만이다'라는 관계는 아닙니다. 왜냐하면 한국에서는 '일본이 필요없다,' '도움도 안된다,' '어떻게 보면 일본은 우리나라의 잠재적인 적대국인데 어떻게 협력하느냐'는 것이 일반적인 이 해인데, 사실은 유사시에 중국은 우리한테 마이너스 가 되면 되었지 절대로 도움이 안 됩니다. 우리를 도 와줄 가능성이 제로 퍼센트입니다. 그러면 한국이 유 사시가 되었을 때 우리는 기본적으로 한미연합사로 대응하고, 그 다음에는 주일미군과 주한미군이 연합, integrated가 되어야 됩니다. 왜냐하면 우리 주한미군 은 육군 중심으로 되어있고, 주일미군은 해군, 공군, 해병대 중심으로 되어있기 때문에 일본에 있는 7개의 유엔사 기지를 활용하지 못하면 전쟁 자체를 못합니 다. 군대를 제대한 사람들도 잘 모르고, 심지어 요새 는 장군들도 이 개념이 흔들려서 '한미연합사만 있으 면 되지'라고 말하는 사람들도 있는데, 미군 자체가 '전구(theater)'로 같이 움직이려면 자위대에서 전부 후방지원을 해줘야 됩니다. 물자도 대주고 탄약도 대 주고 식량도 대주고 물도 대주고 다 해줘야 합니다. 만약 상황이 더 악화되어 본토에 있는 미군이 대규모 로 지원이 와야 한다면 반드시 일본을 통과해서 와야 됩니다. 그러니까 일본에 있는 항만, 공항과 같은 민 간시설을 활용하지 않으면 기본적으로 대응이 안 됩 니다. 그러니까 한국안보를 위해서 일본은 뚝 떨어져 있는 섬나라가 아니라 'integrated whole'이기 때문에 같이 움직여야 하는 단위입니다. '(한국이) 미국하고만 있으면 되는 것이 아니라 중간에 일본이라는 허리가 움직여주지 않으면 한반도 안보는 보장되지 않는다'라는 개념이 머릿속에 들어가 있어야지, '일본하고 왜 흥정을 해야되느냐?', '일본 빼고 한미만 있으면 된다'라는 굉장히 도식적인 개념을 가지고 있기 때문에 그 부분에 대해서 좀 더 확실한 인식이 있어야 합니다. 그래야 '왜 GSOMIA(한일 군사비밀정보보호협정)가 필요한지', '왜 ACSA(상호군수지원협정)를 해야되는지', '그것보다 더 큰 협정이 왜 필요한지'가 머릿속에 들어오는데 그런 것이 없으면 아예 '일본 같은 것은 필요도 없고, 절대로 우리한테 도움이 안 된다'는 이런 생각을 가지게 되기 때문에 보다 종합적이고 체계적인 이해를 하는 것이 굉장히 중요합니다.

박영준: 박철희 선생님, 한일안보협력관계에 대해 좋은 코멘트해주셔서 고맙습니다. 김현철 소장님이 하신 첫 번째 질문이 '북일 외교관계 현황과 실질 정상화 가능성이 있는가' 하는건데 사실 지난 4년 동안 북일관계가 북미관계나 남북관계와 비교해서 현저한 특징을 보

였다고 생각합니다. 지난 4년 동안 예컨대 북한의 여러 가지 군사적 도발, UN에 의한 제재 등을 통해서 북미관계도 그 이전의 부시정권보다도 오히려 더 대화와 접촉의 여지가 더 줄어들었습니다. 아까 말씀드렸지만 남북관계도 개성공단 폐쇄 이후에 대화통로가 끊기게 되었는데, 아베정부는 예외적으로 납치자 문제와 관련된 북일간 협상을 계속 진행했습니다. 그 결과 2014년도인가 특별조사위원회를 북한에 만들게 하였고, 북한의 조사위원회가 일본 측 납치자, 일본으로부터의 배우자, 혹은 2차 대전 이전에 북한에 살던 일본인 유골 조사 및 송환 문제, 그런 것들에 관련된 분과위원회를 만들어서 1년 동안 조사를 진행하였습니다. 북한에서는 일본과의 합의에 따라 국가보위부 등 중요한 부서의 책임자들을 조사위원회에 참여시켜서 여러 분과위의 조사를 진행하였고, 1년 뒤에 조사 결과를 일본측에 통지했는데, 사실 납치자 문제 등에 대해 종전에 북한 정부가 해오던 발언과 같은 결과를 알리는데 그쳤습니다. 그럼에도 불구하고 아베 정부는 납치자 문제에 관한 북일간 합의를 깨지 않고 계속 양자간 실무접촉을 유지하고 있습니다. 국제사회의 대북 제재 분위기 속에서도 납치자 문제를 계기로 한 북일 양쪽의 대화통로가 유지되고 있는 것은, 기본적으로 이 문제에 대해 아베 총리 자신이 고이즈미 정부 때부터 관여해온 문제이고, 국가적인 차원에서의 어떤 소명 같은 것도 분명히 있었기 때문에 북일관계를 깨지 않는 부분이 있는 것 같구요.

그 다음에 또 하나가 외교의 '레버리지' 같아요. 북한을 둘러싼 국제사회 정세라고 하는 것이 가변적일 수 있기 때문에 일본으로서는 여러 가지 있을 수 있는 한반도 상황에 대한 레버리지를 유지하기 위해서 납치자 문제를 매개로 한 북일간 접촉을 지금까지 유지하고 있는 것으로 보입니다. 지금 대북 압박 기조의 국제질서에서 당장 그렇게 하기는 힘들겠지만, 만약에 납치자 문제와 관련된 일종의 성과가 있으면 정상화 교섭으로 들어갈 가능성도 배제할 수 없습니다. 어쨌든 여러 가지 상황에 대비하는 아베 정부의 외교적 유연성이랄까 그런 것들은 우리도 좀 참조해야하지 않겠는가하는 그런 생각이 듭니다.

그 다음에 이제 러시아와 일본 관계를 질문하셨는데요. 러시아와 일본관계는 기본적으로 영토 반환 문제, 소위 쿠릴열도가 상당히 쟁점이 되어서 국내언론이랄까 이런 데에서는 굉장한 갈등국면이 있다고 보도

되어 있습니다. 물론 일본과 러시아 간에 영토적 갈등은 가장 큰 현안의 하나로 분명히 존재하지만, 양국 간에 사할린이나 북극해 관련 경제협력이 상당히 논의되고 있다는 점도 도외시할 수 없습니다. 양국간에 사할린 지역의 관광자원 개발과 자원개발 문제, 시베리아 지역의 천연가스 개발이나 파이프라인, 북극해 항로 등에 관련한 논의와 협력이 이루어지고 있고, 특히 러시아 북방항로 같은 데에서는 일본도 상당히 실무적인 차원에서 러시아 북방항로 개척될 가능성에 대비해서 많은 준비를 하고 있고, 특히 해상자위대 같은 곳에서 북방항로가 계속되면 해상자위대가 어디까지 활동범위를 확대해야 하고, 중국의 상선들이 지나가는 것에 대해서 어디까지 패트롤을 해야될 것인가 등 굉장히 구체적인 내용들을 연구하고 있습니다. 이에 비해 한러관계는 이명박 정부 시기에는 북극해 항로 개척이나 러시아 관련 자원외교 등을 준비를 했다고 생각됩니다만 박근혜 정부에 들어서는 유라시아 이니셔티브 구상에도 불구하고 그렇게 썩 진전이랄까 적극성이 없었던 것 같아요. 일본과 마찬가지로 한국과 중국도 북극해 공동이사회 옵서버로 참가하고 있기 때문에, 한중일간 다자간 안보협력의 어젠다로써 러시아와의 경제협력, 북극해에 대한 항로 개척과 안전 확보 등을 지속적으로 추진할 필요가 있지 않나 생각합니다.

사드 문제에 대해서 딱 한 말씀만 드리면, 저도 사드 문제에 대한 중국의 개입은 굉장히 부당한 내정간섭이라고 생각합니다. 일본이 98년도부터 미사일 방어망을 미국과 공동개발 하여 2007년도부터 가동하기 시작했고, X-밴드 레이더가 들어왔습니다. 그리고 작년부터인가 사드배치를 추진한다고 했는데 중국이 일본에 대해서는 한국만큼 강하게 얘기하지 않는다는 점에서 상당히 모순적이라는 생각이 들구요. 그리고 베트남과 중국 간에 영유권분쟁이 있었고, 필리핀과 중국 간에도 영유권 분쟁이 있었습니다. 그런데 필리핀은 이 문제를 국제중재재판소에서 제소해서 승리 판결을 받았구요. 베트남은 한때 적대적이었던 미국 및 일본과 군사협력하면서 중국에 대응하고 있는데, 일부 대선 주자들이 주장하는 것처럼 사드 문제를 재협상하면서 굴복하는 듯한 양상을 보이면 베트남과 필리핀 등이 우리를 어떻게 볼까 상당히 걱정이 많이 됩니다. 그래서 이것은 타협하거나 그럴 사안은 아닌 것 같아요. 일단은 한미간에 합의된 대로 가고,

중국과는 다른 어떤 방식으로 관계개선을 추진하는 것이 좋지 않겠는가 하는 그런 생각이 듭니다.

조양현: 저한테는 특별히 지정된 질문은 없었지만, 제가 요즘 러시아와의 관계에 대해 관심이 많습니다. 최근까지 미국과 러시아와의 관계가 좋지 않았기 때문에 러시아에 대한 우리의 엑세스가 제약되어 있었습니다. 우리는 항상 대북정책 차원에서 러시아를 바라봅니다. 그런데 일본을 보면 지역 정책 내지는 글로벌 정책 차원에서의 러시아의 역할, 즉, 미소, 미중, 미러 관계의 맥락에서 러시아의 역할에 관심이 큰 것 같습니다. 그 차이가 뭘까? 그것은 지역강국으로서 역할에 대한 자기 인식이라고 봅니다. 따라서 한국이 커지려고 하면 다자, 소다자 차원에서 러시아를 잡아야 되겠죠. 경제뿐만이 아니라 정치 외교 면에 있어서도 협력관계를 구축해야 하고. 당장 양자관계 차원에서 러시아에 접근하는 것이 부담되면, 한 · 일 · 러라든가 소다자협력체를 만들어야 되지 않나 싶습니다. 여기에 대해서 오늘 다 말씀해 드릴 수는 없지만…

또 하나. 제 이야기에 대해서 앞서 이원덕 선생님께서 잘 보완해주셨습니다. 요즘 한국 외교당국의 역할이 축소되어있다고 했는데, 과거의 실익 위주, 탈냉전 이후에 정체성 위주, 경제, 안보, 아니면 과거사라는 양자택일적 접근이 한국에 어렵게 되었습니다. 이제는 한일관계 자체가 보통의 관계, 수평의 관계로 볼 수 있는, 등신대로서의 일본을 볼 수 있는 시기가 되지 않았을까 생각합니다. 과거사를 등한시한다는 것이 아니라, 실익을 논하고 이야기할수록 과거사 문제 해결이 조금 더 쉬워질 수 있습니다. 봄이 와서 꽃이 피는 것이 아니라, 꽃이 피니 봄이 왔더라는 어떤 대사님의 말씀이 있습니다. 이런 관계를 논의할 수 있어야 외교가 가능하지 않겠는가 하는 것입니다. 이와 관련하여 중요한 것이 이원덕 선생님께서 말씀하신 관민의 역할입니다. 과거에는 관의 역할이 강했지만, 이제는 여론이, 민이 앞서서 나갑니다. 이에 대해서 '아, 이제는 외교당국이 할게 없다' 라고 생각할 게 아니라, 이제는 관과 민이 서로 협력을 해야 시너지 효과가 나올 수 있다고 생각합니다. 이제는 양자택일의 제로섬이 아니라 서로 각자의 역할을 해야 하는데, 이것은 자동적으로 주어지는 게 아니라고 생각합니다. 과도한 포퓰리즘을 견제하려면 성숙한 시민의식이 필요하며, 이것이 안 되면 관민이 같이 갈 수 없습니다. 사실 우리의 과거사 문제에 대한 많은 문제제기는 NGO나 여론에서 주도적인 역할을 하는 분들이 제기한 것이라고 한다면, 문제해결 역시, 결자해지라고 할까요, 그분들이 해줘야 된다고 생각합니다. 그랬을 때 관민이 균형을 잡고 설 수 있는 것이고, 따라서 오늘 참가하신 분들에게 그러한 인식이 중요하다는 이야기도 당부의 말씀을 드립니다. 이상입니다.

남기정: 네, 선생님들, 정말 장시간 동안 감사합니다. 그리고 오늘 이렇게 참석해주셔서 감사합니다. 이 자리에 오시는 데에는 사실 조금 용기가 필요하셨을 겁니다. 대일외교를 얘기하는 것이 지금 굉장히 어려운 국면이고, 아마 국민들 다수가 생각하는 것과는 조금 다를 수 있는 의견들을 마음속에 품고 계실 수 있어서 조금 부담스러우셨을 텐데, 평소 가지고 계셨던 소신들을 말씀해주셔서 정말 감사하게 생각합니다. 오늘 회의의 결론은 '무엇을 안 할 것인가'를 생각하자인 것 같습니다. '무엇을 할 것인가'가 아니라 '무엇을 안 할 것인가'가 중요하다는 것입니다. 다른 말로 'prudence'죠. 외교에서는 'prudence', 즉 신중함이 기본이 되어야 된다는 얘기를 하는데, 신중함이라고 하는 외교의

기본이 대일외교에도 관철되어야 한다는 것이 오늘의 결론인 것 같습니다. 사실 여기 오신 다섯 분, 저까지 포함해서 여섯 명은 하나의 의견으로 정리될 수 없는 서로 다른 의견들을 갖고 계십니다. 한미관계 논자들 사이에 자주파와 동맹파 사이의 스펙트럼이 있는 것처럼, 대일외교에 대해서도 역사를 조금 더 중시하는 사람과, 현실의 경제와 안보협력을 조금 더 중시하는 사람들이 넓은 스펙트럼 위에 펼쳐 있어서, 여기에 모인 여섯 명도 그 스펙트럼 위에서 서로 조금씩 다른 자리에 서 있습니다. 그런데 지금은 그런 스펙트럼이 보이지 않는 게 현실인 것 같습니다. 그러니까 대일외교에 관한 한국의 현실적인 선택지는 매우 협소하다는 것이 오늘의 결론일지도 모르겠습니다. 그래서 한국 외교가 이 협소한 선택의 관문을 뚫고 들어가서 한일관계를 개선 발전시킬 수 있다면, 그 때 더 넓은 선택지의 지평에서 백가쟁명의 대일정책을 가지고 논의할 수 있는 기회가 또 있을 거라 생각됩니다. 그런 아쉬운 마음으로 오늘은 이만 정리하고자 합니다. 소장님의 폐회사 듣고 마무리하겠습니다.

김현철: 너무너무 수고 많으셨습니다. "질곡의 한일관계 어떻게 풀 것인가"라는 질문만 던지고 시작했습니다만, 여섯 분께 질문을 드리면 답이 나온다는 결과를 얻은 것 같습니다. 오늘 수고해 주신 여섯 분께 박수 부탁 드립니다.

저 자┃ 남기정

    서울대학교 일본연구소 HK교수. 도쿄대학 대학원 총합문화연구과에서 박사학위(2000)를 취득했다. 고려대학교 평화연구소 전임연구원, 일본 도호쿠대학 법학연구과 교수, 국민대학교 국제학부 교수 등을 거침. 전후 일본의 정치와 외교를 동아시아 국제정치의 문맥에서 분석하는 일에 관심이 있으며, 최근에는 전후 일본의 평화주의와 평화운동에도 관심을 갖고 연구. 최근 연구업적으로『기지국가의 탄생: 일본이 치른 한국전쟁』(2016),『전후 일본의 생활평화주의』(편저, 2014),『김대중과 한일관계』(공저, 2012),「자위대에서 군대로?: ‘자주방위의 꿈’과 ‘미일동맹의 현실’의 변증법」(2016),「일본의 베트남전쟁: ‘기지국가’의 ‘평화운동’과 ‘평화외교’」(2015),「한일국교정상화 50년: 갈등과 협력은 어떻게 진화하는가?」(2015) 등.

저 자┃ 박영준

    국방대학교 안보대학원 교수. 연세대 정외과와 서울대 대학원 외교학과를 졸업 후, 육군사관학교 교관을 거쳐, 일본 도쿄대에서 국제정치학 박사 학위를 취득. 국가안전보장회의 및 외교부의 정책자문위원으로 활동. 다양한 언론매체에서의 칼럼 집필 등을 통해 국가안보정책에 대해 제언. 미국 하버드대학교 US-Japan Program에

2회에 걸쳐 방문학자로 체재하였고, 한국평화학회 회장, 국제정치학회 안보국방분과위원장 등으로 연구활동을 넓혀감. 일본정치외교, 동북아 국제관계, 국제안보 등의 분야에서『제3의 일본』(2008), 『안전보장의 국제정치학』(편저, 2010), 『21세기 국제안보의 도전과 과제』(편저, 2012), 『해군의 탄생과 근대일본』(2014), 『한국 국가안보전략의 전개와 과제』(2017) 등 다수의 저서와 연구 논문을 발표.

저 자 | 박철희

서울대학교 국제대학원 원장 겸 현대일본학회(KACJS) 회장. 서울대학교 정치학과정치학석사 취득, 미국 컬럼비아대학교 정치학 박사 학위 취득(1998). 일본 국립 정책연구대학원대학 조교수, 외교안보연구원 조교수 역임. 컬럼비아대학, 게이오대, 고베대 객원교수 역임. 이외에 서울국제포럼 멤버 및 섭외위원장, 외교부 자체평가위원, 한일포럼 멤버 및 운영위원, 이화동아시아포럼 대표간사, 2012-2016년 서울대학교 일본연구소 소장. 국내외 신문, NHK, CCTV, BBC 등에 한일관계에 대한 논평 및 인터뷰 다수 게재. 저서에『代議士のつくられ方(일본의 국회의원이 만들어지는 법)』(2000), 『자민당정권과 전후체제의 변용』(2011), 공저로『Japan's Strategic Thought toward Asia』(2007), 『East Asia's Haunted Present』(2008), 『Changing Power Relations in Northeast Asia』(2011), 『U.S. Leadership, History, and Bilateral Relations in Northeast Asia』(2011),

『동아시아 세력전이와 일본 대외전략의 변화』(동아시아재단, 2014), 『일본 민주당정권의 성공과 실패』(2014), 『일본의 집단적 자위권 도입과 한반도』(서울대학교출판문화원, 2016) 등. 2005년 제1회 나카소네 야스 히로상 수상.

저 자 │ 손 열

연세대학교 국제학대학원 교수. 시카고 대학교 정치학박사. 연세대 Global Sustainability 연구원장, 국제학연구소장을 겸임. ㈜동아시아연구원 일본센터 소장 및 지구넷 회장. 현 한국국제정치학회 부회장, 외교부 정책자문위원으로 활동하고 있으며 1992년 현대일본학회장을 역임한 바 있다. 주 전공은 일본 정치경제 및 국제정치경제, 일본외교정책, 동아시아 국제관계 등. 저서로 Understanding Public Diplomacy in East Asia(2015), Abe Effect in Northeast Asia (2012), 『일본 성장과 위기의 정치경제학』(2003), 『일본부활의 리더십』(2013), 공저로 『갑오년의 동아시아』(2015) 등, 최근 논문으로 「Securitizing Trade」, 「Japan's New Regionalism」, 「동아시아에서 다자경제제도의 건축경쟁」, 「통상의 복합 전략과 한미 FTA」 등.

저 자 ▎ 이원덕

　　현재 국민대학교 글로벌인문지역대학 일본학과 교수 및 동 대
학교 일본학연구소 소장. 서울대학교 외교학과(1985)를 졸업하고
동 대학원에서 외교학 석사학위를 취득(1987)하였으며 일본 도쿄
대학(University of Tokyo) 대학원에서 국제관계학 박사학위(1994)
를 받았다. 경력으로는 미국 피츠버그대학(University of Pittsburgh)
아시아연구소객원연구원, 일본 도쿄대학 대학원 국제사회과학 전
공 객원교수 등을 역임하였다. 그외 현대일본학회 회장(2015)을
역임했고 외교부, 동북아역사재단, 민주평통 등의 자문위원을 맡
고 있다. 주요 연구 분야는 일본 정치외교와 한일관계 등이다. 주요
저서로는『아시아공동체로의 신뢰양성 무엇이 필요한가(일본어)』
(공저, 2016),『한일관계 1965-2015 정치 편』(공편, 2015),『한일 신
시대와 공생복합 네트워크 제3권』(공저, 2012) 등이 있다.

저 자 ▎ 조양현

　　국립외교원 교수(국립외교원 외교안보연구소 아시아태평양연
구부 교수 및 외교사연구센터장). 서울대학교 외교학과를 졸업하
고 일본 동경대학교 정치학과에서 박사학위를 취득하였다. 국민
대 일본학중점연구소 전임연구원, 하버드대 웨더헤드센터에서
Academic Associate로 역임하였다. 주요 연구분야는 일본정치외교,

한일관계, 동아시아국제관계, 대한민국외교사이며 한국정치학회, 한국국제정치학회, 현대일본학회, 한국정치외교사학회, 한일군사문화학회 회원으로 활동하고 있다. 주요 논저로『アジア地域主義とアメリカ』(東京大學出版會), "동아시아 歷史論爭과 美 下院의 慰安婦 決議案 論議"(한일민족문제연구), "戰後日本のアジア外交におけるアメリカーファクター"(일본연구논총), "한일회담과 아시아 지역주의: 지역주의 구상의 한일간 상호 비대칭성"(외교안보연구), "데탕트 체제 전환기의 한일관계: 오키나와(沖繩) 반환 및 주한미군 철수 문제를 사례로" (국제지역연구) 등.

IJS 서울대학교 일본연구소
Reading Japan 23

질곡의 한일관계 어떻게 풀 것인가?

: 새정부에 바란다.

초판인쇄 2017년 6월 12일
초판발행 2017년 6월 19일

기　　획 서울대학교 일본연구소
저　　자 남기정 · 박영준 · 박철희 · 손열 · 이원덕 · 조양현
발 행 처 제이앤씨
발 행 인 윤석현
등　　록 제7-220호

주　　소 서울시 도봉구 우이천로 353 성주빌딩 3F
전　　화 (02)992-3253(대)
전　　송 (02)991-1285
책임편집 안지윤
전자우편 jncbook@daum.net
홈페이지 http://www.jncbms.co.kr

ⓒ 서울대학교 일본연구소, 2017. Printed in KOREA.

ISBN 979-11-5917-061-4 03300　　　　　**정가** 8,000원